Azeite
história, produtores, receitas

Home page do autor:
http://www.percussi.com.br

Dados Internacionais de Catalogação na Publicação (CIP)
(Jeane Passos de Souza – CRB 8ª/6189)

Percussi, Luciano
    Azeite : história, produtores, receitas / Luciano Percussi. –
5ª ed. – São Paulo : Editora Senac São Paulo, 2018.

    Bibliografia.
    ISBN 978-85-396-2082-1 (impresso/2018)
    e-ISBN 978-85-396-2083-8 (ePub/2018)
    e-ISBN 978-85-396-2084-5 (PDF/2018)

    1. Azeite – História 2. Culinária (Azeite) 3. Gastronomia
I. Título.

17-640s   CDD-641.3463
                                               BISAC CKB040000

Índice para catálogo sistemático:

1. Azeite (receitas)   641.3463

LUCIANO PERCUSSI

Receitas de Silvia Percussi

Azeite
história, produtores, receitas

5ª edição

Editora Senac São Paulo – São Paulo – 2018

Administração Regional do Senac no Estado de São Paulo
Presidente do Conselho Regional: Abram Szajman
Diretor do Departamento Regional: Luiz Francisco de A. Salgado
Superintendente Universitário e de Desenvolvimento: Luiz Carlos Dourado

Editora Senac São Paulo

Conselho Editorial: Luiz Francisco de A. Salgado
Luiz Carlos Dourado
Darcio Sayad Maia
Lucila Mara Sbrana Sciotti
Jeane Passos de Souza

Gerente/Publisher: Jeane Passos de Souza (jpassos@sp.senac.br)
Coordenação Editorial/Prospecção: Luís Américo Tousi Botelho (luis.tbotelho@sp.senac.br)
Márcia Cavalheiro Rodrigues de Almeida (mcavalhe@sp.senac.br)
Administrativo: João Almeida Santos (joao.santos@sp.senac.br)
Comercial: Marcos Telmo da Costa (mtcosta@sp.senac.br)

Edição de Texto e Pesquisa: Renata Bottini
Preparação de Texto: Oswaldo Cogo
Colaboração: Francesca Cosenza
Revisão de Texto: Ivone P. B. Groenitz (coord.), Jussara R. Gomes, Léia M. Fontes Guimarães,
Luiza Elena Luchini, Maristela Nobrega, Sandra Brazil, Janaina Lira
Projeto Gráfico, Capa e Editoração Eletrônica: Antonio Carlos De Angelis
Impressão e Acabamento: Gráfica CS Eireli

Proibida a reprodução sem autorização expressa.
Todos os direitos desta edição reservados à
Editora Senac São Paulo
Rua 24 de Maio, 208 – 3º andar – Centro – CEP 01041-000
Caixa Postal 1120 – CEP 01032-970 – São Paulo – SP
Tel. (11) 2187-4450 – Fax (11) 2187-4486
E-mail: editora@sp.senac.br
Home page: http://www.editorasenacsp.com.br

© Luciano Percussi, 2006

Sumário

Nota do editor   7
Prefácio – *Ricardo Castilho*   9

Parte 1
Mitologia, simbologia e história   17
A árvore e as azeitonas   31
Plantio, adubação, irrigação, poda e colheita   37
Doenças e pragas   45
Tipos e variedades de oliveiras   49
Da azeitona ao azeite   51
Composição química do azeite de oliva   59
Denominação, tipos de azeite, atributos e rótulos   65
Análise sensorial: a degustação   75
O azeite na saúde e na dieta mediterrânea   87
O azeite na gastronomia   101
Receitas   105

Parte 2
O azeite de oliva e a beleza   149
O azeite na economia mundial   155
Produtores da União Europeia   161
Produtores da bacia do Mediterrâneo   233
Produtores de fora da bacia do Mediterrâneo   247
O azeite no Brasil   255
O azeite de oliva na América do Sul   263
Bibliografia   267
Índice de receitas   273

Nota do editor

Acompanhando o crescente interesse do público brasileiro pela gastronomia e a necessidade de informação de qualidade por parte dos profissionais que ingressam no mercado da boa mesa, o Senac São Paulo publica *Azeite: história, produtores, receitas*, um guia indispensável para todos os que desejam se familiarizar com esse produto antiquíssimo, de largo uso e, no entanto, ainda pouco estudado no Brasil.

O livro apresenta a história do azeite na Europa, relatando sua utilização por diferentes povos desde eras muito remotas, em pesquisa detalhada, que contou com a colaboração de Renata Bottini.

As receitas culinárias apresentadas pelo autor foram criadas e testadas por Silvia Percussi, chef do restaurante Vinheria Percussi, em São Paulo. De fácil execução, demonstram como o azeite adequado dá um toque especial ao sabor de diferentes pratos, podendo ser preparados tanto no dia a dia como em ocasiões sociais que exijam mais sofisticação e bom gosto.

Recentes descobertas da ciência em torno das qualidades medicinais do azeite também são compiladas, ao lado de indicações para fins cosméticos e terapêuticos em que esse óleo é o ingrediente principal.

Aos estudantes e profissionais da culinária que desejam conhecer sutilezas de consistência, cor, aroma e sabor é dedicado um roteiro de degustação, por meio do qual podem avaliar a qualidade de diversos tipos de azeite e seu emprego ideal em saladas, peixes e outras iguarias.

Por fim, explicações sobre países produtores, áreas demarcadas para a produção sob as designações Denominação de Origem Protegida (DOP) e Indicação Geográfica Protegida (IGP), bem como acerca de características determinadas pela espécie de azeitona de que é feito, influências da terra e do clima nas diversas regiões do globo de que procede e exigências técnicas para o cultivo da oliveira, regulamentadas por legislação específica, completam o panorama contemporâneo da presença do azeite em nossa sociedade, mesclando tradição, arte, negócios e ciência avançada.

Prefácio

O ITALIANO Luciano Percussi é um dos fazedores na gastronomia brasileira. Sempre irrequieto e sabedor de todos os caminhos da boa mesa – aprendidos com sabedoria na belíssima Sestri Levante, sua cidade natal, situada na costa da Ligúria, na Itália –, inovou na gastronomia paulistana quando, em 1985, inaugurou na capital a Vinheria Percussi. A ideia era dar ao vinho um tratamento respeitoso, mas também de divulgação, ajudando o brasileiro nos primeiros passos com a bebida. Para nossa alegria, a casa mantém essa postura até os dias atuais, com uma gastronomia de altíssimo nível.

Com esse espírito irrequieto, Percussi viu que era hora de nos ajudar novamente, dessa vez com o também admirável mundo dos azeites, elaborando um livro imperdível para os fãs da gastronomia e estudantes do assunto.

Azeite: história, produtores, receitas é obra obrigatória e deliciosa para quem quer entender mais sobre esse alimento dos deuses, conhecido como o ouro líquido. Foram mais de dois anos de intensa pesquisa, visita a moinhos e conversas com produtores. O autor mostra com desenvoltura a presença do azeite desde a mitologia grega e sua história até os dias atuais. Fala das diferenças dos azeites e, com muito aprofundamento, aborda as regiões produtoras da Itália, Espanha, Portugal e Grécia, passando por outros países como França, Argélia, Líbano e Marrocos.

Mostrando a diversidade do azeite, Percussi também nos apresenta seu uso no combate a doenças e, até mesmo, em tratamentos de beleza. Se não bastasse, o livro ainda é ricamente "equipado" com tentadoras receitas de sua filha, a chef Silvia Percussi.

Obrigatório na estante do gourmet.

Ricardo Castilho
Jornalista

Com todo o meu carinho e afeto, dedico este trabalho aos meus queridos netos, Chiara e Lorenzo.

Agradeço

Ao *mastro oleario* Carlo Bo, por ter-me introduzido no mundo do azeite de oliva.

Ao meu amigo Luis Baggio, por ter-me incentivado a escrever este livro.

A Renata Bottini, pela colaboração nas pesquisas históricas.

A minha filha Silvia, por ter colaborado com a parte gastronômica.

A Arnaldo Comin, por ter-nos gentilmente concedido sua entrevista.

À equipe da Editora Senac São Paulo, por ter acreditado no meu trabalho.

Parte 1

Mitologia, simbologia e história

> Aquele que come azeite e pão ou torta de azeite
> de oliva nunca é tocado pelas flechas da morte.
> *Dístico cretense*

OS ANTIGOS GREGOS contavam que há muito, muito tempo, quando começaram a surgir as primeiras cidades, apareceram também os primeiros conflitos entre os deuses do Olimpo. É que, algumas vezes, dois ou mais deuses escolhiam a mesma cidade para proteger. Quando isso ocorria, um outro era designado para ser o árbitro e determinar o vencedor do litígio.

Foi assim quando Possêidon,[1] o deus do mar, e Atena,[2] a deusa da paz e da sabedoria, reivindicaram, ao mesmo tempo, o direito de proteger uma mesma cidade da Ática. Nesse caso, a disputa foi arbitrada pelo próprio Zeus,[3] senhor do Olimpo, que se decidiria por aquele que desse aos homens o presente mais precioso.

Possêidon, irritado por já ter sido derrotado por outros deuses em disputas semelhantes, ergueu o tridente e o bateu fortemente num rochedo, fazendo surgir seu presente: um fogoso cavalo – segundo uma versão do mito, ou, segundo outra, uma fonte de água salgada. Atena, por sua vez, ergueu sua lança dourada e deu uma pancada no chão, de onde brotou

---

[1] Também conhecido por Possídon, na mitologia romana era chamado Netuno.
[2] Na mitologia romana, Atená ou Atena era chamada Minerva.
[3] Na mitologia romana, Zeus era chamado Júpiter.

seu presente, a oliveira, cujos frutos haveriam de servir para alimentar o povo da cidade e produzir óleo para suavizar a dor dos feridos na guerra.

Zeus, mediador dessa disputa, considerou que a árvore seria mais útil para o povo da Ática. E foi assim que a cidade ganhou o nome de Atenas. Há quem diga que, ainda hoje, essa oliveira primordial está no mesmo lugar em que brotou – ali onde ocorreu a contenda entre os deuses...

$$* * *$$

Essa lenda, que chegou até nós por meio de Higino, bibliotecário do imperador Augusto, e já fora mencionada nas obras de Heródoto, mostra que os antigos gregos acreditavam que a oliveira tinha origem divina. Higino também conta que os atenienses veneravam a oliveira primordial, da qual se extraía o azeite dado como prêmio aos vencedores das Panateneias,[4] armazenado nas "ânforas panatenaicas", que eram consideradas, elas próprias, uma garantia da qualidade do conteúdo.

Os resistentes galhos da árvore eram entrelaçados para fazer coroas para os heróis. As quantidades de azeite dadas como prêmio eram incríveis: dependendo do esporte, o primeiro classificado podia ganhar cerca de 5 t... Muitos atletas enriqueceram com isso, pois, como não havia quem pudesse consumir tanto azeite sozinho, a legislação ateniense concedia aos ganhadores das Panateneias, e somente a eles, o direito de exportar o produto. Quando se iniciaram os Jogos Olímpicos, em 776 a.C., dava--se como prêmio aos vencedores um galho de oliveira, simbolizando a paz e a suspensão de qualquer hostilidade. Esse prêmio continuou a ser oferecido aos vencedores até o final dos Jogos Olímpicos da Antiguidade.

A importância da oliveira para o povo grego é confirmada pela frequência com que aparece na sua mitologia. Uma versão do mito de Apolo e Ártemis,[5] os filhos gêmeos de Zeus e Leto, diz que os dois nasceram sob uma oliveira. Outra versão conta que Hera,[6] a esposa de Zeus,

---

[4] A maior e mais importante das festas em honra de Atena, de que participavam todos os moradores de Atenas. Inicialmente anual, a partir de 565-566 a.C. passou a ser realizada a cada cinco anos.

[5] Diana, para os romanos.

[6] Juno, entre os romanos.

enciumada porque Leto estava grávida de seu marido, proibira Gaia de acolhê-la. Leto foi, finalmente, abrigada por Ortígia, uma ilha flutuante que, por não estar presa a Gaia, nada tinha a recear de Hera. Pouco antes do parto, Zeus "ancorou" a ilha, que, depois disso, passou a chamar-se Delos, que significa *a brilhante*.

Um outro mito grego conta que Aristeu, filho de Apolo e de Cirene, aprendeu com as ninfas que o criaram a enxertar o zambujeiro[7] para obter uma colheita de azeitonas abundante, e ensinou os homens a extrair o "líquido de ouro". Héracles,[8] que recebeu dos deuses quase todas as armas que utilizou para cumprir suas doze tarefas, fabricou com um tronco de oliveira a maça que usava. Na *Odisseia*, Homero conta que Penélope reconheceu o marido Ulisses, após vinte anos de ausência, pela descrição que ele fez da cama nupcial que fabricara sobre o tronco de uma grande oliveira, simbolizando a fecundidade.

A simbologia na Bíblia

O nome hebraico da azeitona é *zayiit*, semelhante ao aramaico *zaita* e ao árabe *zeituna*, do qual vieram o espanhol *aceite* e o português *azeite*. Também entre os hebreus a importância da oliveira e de seus produtos é salientada pelos significados simbólicos que lhes são atribuídos. As grandes riquezas de Israel são descritas com frequência na Bíblia como "trigo, vinho e azeite de oliva", que representavam a base da dieta e o esteio da economia. Há evidências de exportação de azeite de Canaã para o Egito e a Grécia há mais de 4 mil anos. Escavações arqueológicas descobriram, em Jericó, ânforas para armazenar azeite de 6 mil anos, e, em Israel, as mais antigas prensas para amassar azeitonas.

Ekron, capital da Filisteia, localizada no caminho terrestre que ligava o Egito à Mesopotâmia, era o ponto final de uma rota importante que acompanhava o vale Sorek até Jerusalém. A cultura agrícola da região foi

---

[7] Também chamado azambujeiro, oliveira-brava (*Olea europaea* var. *sylvestris*), árvore espontânea de ramos densos e espinhosos.

[8] Hércules, na mitologia romana.

revolucionada por essa localização economicamente privilegiada, aliada ao conhecimento que os filisteus tinham do ferro. Durante algum tempo a cidade foi a maior fornecedora de azeite de oliva do mundo civilizado. Em áreas adjacentes foram encontradas 114 prensas para azeitonas que datam do século IX a.C. Se colocadas em produção, poderiam render 500 mil l/ano de azeite.

No tempo da conquista romana da Judeia, a azeitona e seu óleo eram itens básicos da alimentação do povo judeu, mesmo a dos mais pobres. O azeite constituía, também, o principal combustível para iluminação, além de ser usado nas unções sagradas, na medicina, na higiene e na fabricação de cosméticos. Na época de Jesus, cultivavam-se tantas oliveiras na região de Jerusalém que o azeite se tornou o principal produto de exportação. Assim, não é sem razão que aparecem tantas referências à oliveira e ao azeite no texto bíblico.

Nas Escrituras, a oliveira é símbolo da bênção divina, da fidelidade, da prosperidade e da perseverança: "Mas eu sou qual a oliveira verde na casa de Deus; confio na bondade de Deus para sempre e eternamente" (Salmos 52:8).

Após o dilúvio universal, quando Noé enviou a segunda pomba para verificar se as águas tinham baixado, o pássaro voltou para ele com uma folha verde de oliveira, e Noé, que já conhecia a árvore, soube que poderiam sair da arca (Gênese 8:11). A folha de oliveira indicava que a ira divina tinha sido aplacada, e por essa razão passou a ser considerada o grande símbolo da paz.

Quando Deus ordena a Moisés que fale aos filhos de Israel para que lhe tragam ofertas, pede-lhes, entre outras coisas, especiarias para o óleo da unção e azeite para a luz (Êxodo 25:6), especificando que este deveria ser azeite puro de oliva, batido, para manter uma lâmpada continuamente acesa (Êxodo 27:20). Deus também deu a Moisés instruções detalhadas sobre a preparação do azeite que seria usado nas unções sagradas que santificariam os objetos do culto, e mandou-o ungir Aarão e seus filhos, "santificando-os para o exercício do sacerdócio" (Êxodo 30:22-30). Seriam esses sacerdotes a receber as ofertas de flor de farinha e o azeite com incenso, para serem queimados sobre o altar (Levítico 2:1-2). Após dar a Moisés os dez mandamentos, Deus lhe disse que o estava levando, e a seu povo, para uma terra com fontes e nascentes, vides e figueiras, terra de oliveiras e de azeite, onde não haveria escassez (Deuteronômio 8:6-9).

Numa interessante parábola do Livro dos Juízes, as árvores pedem à oliveira que reine sobre elas, e esta se recusa, dizendo: "Renunciaria a meu óleo, com que se honram os deuses e os homens, para balançar-me acima das árvores?" (Juízes 9:8-9). Por aí se vê quanta importância os hebreus davam ao azeite – a possibilidade de produzi-lo valia mais que o poder de reinar!

Até hoje os judeus comemoram a festa de Chanucá – em hebraico *Hannukah* –, que celebra a vitória dos macabeus sobre os invasores sírios em 165 a.C., e a reconsagração ao culto do Templo de Jerusalém. Durante essa festa, todas as famílias judaicas acendem oito velas (uma por dia) no menorá,[9] e essa luz traz a esperança a todos os lares, pois é o símbolo de uma vitória da liberdade religiosa.

O cristianismo herdou toda essa simbologia, absorveu as imagens místicas ligadas ao azeite na tradição judaica e as tornou símbolos dessa religião que surgia. Até hoje, a unção com azeite abençoado pelo bispo na Semana Santa continua a fazer parte de ritos católicos no batismo, na crisma, na unção dos enfermos, na ordenação dos sacerdotes e no Ofício da Vigília.[10]

O Novo Testamento também menciona com frequência as oliveiras e o azeite. Era no monte das Oliveiras, próximo a Jerusalém, que Jesus passava bastante tempo com seus discípulos: "Ora, de dia ensinava no templo, e à noite, saindo, pousava no monte chamado das Oliveiras. E todo o povo ia ter com ele no templo, de manhã cedo, para o ouvir" (Lucas 21:37-38). Antes de ser preso, Jesus foi orar com seus discípulos em Getsêmani – que, em hebraico, significa *lugar da prensa de azeite* (Mateus 26:36).

---

[9] Candelabro sagrado, com sete braços. Originalmente de ouro e repleto de azeite de oliva, era mantido permanentemente aceso no Templo de Jerusalém.

[10] Chama-se Vigília Noturna, ou simplesmente Vigília, o ofício celebrado à noite, nas vésperas das grandes festas da Igreja Católica.

Mas a imagem mais poderosa da oliveira está em Romanos 11, onde Paulo compara o judaísmo a uma "cepa santa" e o cristianismo a seus ramos, dizendo que "se a raiz é santa, os ramos também o são" (Romanos 11:16). O autor adverte os cristãos de outras origens, "ramos enxertados", contra a tentação de desprezar os judeus que não aceitaram a mensagem de Jesus, comparados a "ramos quebrados": "E se alguns dos ramos foram quebrados, e tu, sendo zambujeiro, foste enxertado no lugar deles e feito participante da raiz e da seiva da oliveira, não te glories contra os ramos; e, se contra eles te gloriares, lembra-te que não és tu que sustentas a raiz, mas a raiz a ti" (Romanos 11:17-18). E encerra lembrando, em relação aos "ramos quebrados", que "Deus é poderoso para enxertá-los novamente, pois se tu foste cortado do zambujeiro, ao qual pertences por natureza, e foste enxertado, contra tua natureza, numa oliveira boa, quanto mais eles, que são ramos naturais, não serão reenxertados em sua própria oliveira?" (Romanos 11:23-24)

O azeite na Pré-História e na Antiguidade

Não se sabe ao certo quem foi que, pela primeira vez, espremeu o fruto do zambujeiro para obter o azeite – é bem provável que essa "invenção" tenha sido acidental, como tantas outras. Na França e em Biblos foram descobertos caroços de azeitona que datam do Paleolítico, e a arqueologia comprovou a existência de oliveiras na península Ibérica desde o Neolítico. Na Mesopotâmia, há quase 3,8 mil anos, o Código de Hamurábi[11] regulamentava a produção e o comércio do azeite de oliva na zona localizada entre os rios Tigre e Eufrates. No Egito, já se comerciava azeite antes da XIX dinastia,[12] há pelo menos 3,3 mil anos.

---

[11] Rei da Babilônia de 1792 a 1750 a.C. O Código de Hamurábi é um dos mais importantes dos códigos antigos. Foi entalhado numa coluna de diorito, em 3,6 mil linhas de escrita cuneiforme.

[12] O Egito antigo teve trinta dinastias: a primeira a partir de 1786 a.C., e a trigésima, terminando em 332 a.C. A XIX dinastia se manteve de 1292 a.C. a 1186 a.C.

Com base nas descobertas dos arqueólogos sabe-se, hoje, que a oliveira apareceu inicialmente na área que fica entre o Sul do Cáucaso[13] e as encostas do planalto iraniano. Daí se propagou pela Mesopotâmia, a Palestina e o Egito; pelas ilhas do mar Mediterrâneo, sobretudo Creta, e depois pela Grécia e Itália.

Os habitantes de Creta, de origem asiática, desenvolveram uma civilização que é considerada a primeira a aparecer na Europa, ainda na Idade do Bronze. Criaram uma olivicultura próspera, que constituía a base da economia da ilha. O comércio era vigoroso, e seus barcos sulcavam todo o Mediterrâneo, exportando azeite de oliva. A civilização cretense ou minoica, assim chamada em homenagem ao legendário rei Minos, começou por volta de 5000 a.C., alcançou o apogeu entre 2000 a.C. e 1400 a.C. e desapareceu por volta de 1100 a.C. Escavações arqueológicas no palácio de Cnossos[14] revelaram enormes depósitos com gigantescas ânforas de cerâmica destinadas à conservação do azeite. As placas de argila em que se registrava a "administração" mencionam os olivais, os locais de produção e o destino que se daria ao azeite produzido: uma parte seria destinada à alimentação; outra seria usada para fins terapêuticos; e uma terceira, destinada a oferendas religiosas.

Com a decadência de Creta, o comércio do azeite de oliva passou a ser controlado pelos fenícios e cartagineses, que o distribuíam por todo o Mediterrâneo, inclusive para o Egito, onde era usado para muitas finalidades: o banho com azeite perfumado era um hábito comum, além de servir também para iluminar os templos e preservar as múmias, as quais, entre 980 a.C. e 715 a.C., chegaram a ser adornadas com coroas feitas com galhos de oliveira entrelaçados. Também foram encontradas azeitonas curadas entre os alimentos colocados em túmulos de faraós, para abastecê-los durante a viagem para o além.

---

[13] Cordilheira montanhosa entre os mares Cáspio e Negro, que forma uma espécie de barreira entre a Europa e a Ásia.

[14] Palácio descoberto em Creta em 1894, por *Sir* Arthur Evans. Também conhecido como Palácio de Minos, é a provável origem da lenda do labirinto de Creta e, apesar da destruição quase total por volta de 1450 a.C., guarda muitos testemunhos do desenvolvimento da arte e da civilização cretenses.

Entre os gregos, a enorme importância econômica da oliveira lhe conferiu *status* de símbolo de paz e sabedoria, e, por essa mesma razão, a planta era protegida pela legislação. A primeira Lei de Proteção à Oliveira foi introduzida por Sólon (639-559 a.C.), um dos sete sábios da Grécia antiga, cujo código proibia cortar oliveiras, a não ser para o serviço do santuário ou das comunidades, e, mesmo neste caso, limitava o corte a duas árvores por ano em cada plantação. Essa mesma lei também proibia a exportação de qualquer produto agrícola, com exceção do azeite, e estabelecia regras precisas e detalhadas para o plantio das oliveiras, como, por exemplo, as fileiras regulares e a distância entre as árvores. Heródoto[15] descreve a Atenas do século V a.C. como o centro grego do cultivo da oliveira, produzindo enorme quantidade de azeite, um de seus maiores itens de exportação. A planta era tão importante para os atenienses, que cunharam moedas com a efígie de Atena trazendo uma coroa de oliveira no elmo e uma ânfora com azeite de oliva.

Quando os primeiros colonos gregos chegaram à Itália, no século VIII a.C., levaram consigo a árvore que mais prezavam. Sabe-se, por escavações arqueológicas, que um século depois os etruscos já possuíam vastíssimos olivais.

A expansão durante o Império Romano

Dizem que foi graças ao azeite de oliva que Aníbal, general cartaginês, venceu os romanos na batalha do rio Trébia, em 218 a.C. O inverno era muito rigoroso, chovera durante o dia, e à noite nevara profusamente. O general mandou acender grandes fogueiras e ordenou às suas tropas que se aquecessem, se alimentassem e aplicassem azeite de oliva sobre o próprio corpo, para resistir melhor ao frio. Depois disso, enviou alguns poucos cavaleiros ao acampamento dos romanos, apenas para provocá-los e fugir. Os legionários romanos lançaram-se à perseguição e, vendo-os atravessar o rio, fizeram o mesmo. Mas como estavam mal-alimentados

---

[15] Historiador grego (484 a.C. a 425 a.C.), considerado o pai da história.

e sem proteção contra o frio, chegaram à outra margem entorpecidos e cansadíssimos. Não conseguindo empunhar as armas, foram vencidos pelos cartagineses. Pelo visto, nessa época os romanos ainda não conheciam, como Aníbal, o poder do azeite como isolante térmico.

Com o passar do tempo, porém, a olivicultura se desenvolveu consideravelmente no Império Romano, e o comércio do azeite de oliva se tornou um dos pontos mais relevantes da sua economia. Os romanos expandiram o cultivo da oliveira em suas colônias do Norte da África, da península Ibérica e do Sul da França. Por exemplo, em Leptis Magna,[16] na Tripolitânia, cuja economia era basicamente agrícola, as oliveiras já haviam sido introduzidas pelos colonizadores fenícios, mas depois que a cidade se tornou colônia romana, em 111 a.C., o comércio das azeitonas se tornou tão lucrativo e a cidade prosperou tanto que, em 46 a.C., o imperador Júlio César[17] lhe impôs uma taxa anual de 3 milhões de libras de azeite. Pesquisas feitas no sítio arqueológico de Leptis Magna, incluído desde 1982 no Patrimônio da Humanidade da Unesco, permitiram verificar que o sistema de estocagem e distribuição do produto era muito eficiente: para transportar o azeite, usavam ânforas e embarcações que chamavam *navi onerarie*, posteriormente chamadas de *marciliane*, com fundo plano, que podiam conter até quinhentos tonéis.

Durante o período romano, a tecnologia da produção do azeite se aperfeiçoou: numerosas obras de agronomia orientavam os proprietários de terra, ensinando-lhes os modos mais eficientes de cuidar das oliveiras, podá-las, fertilizá-las e colher seus frutos. Columela, escritor do século I d.C. que escreveu sobre agricultura em sua obra *De re rustica*, sustentava que a oliveira é, entre todas as árvores, a mais importante. Marco Pórcio Catão, conhecido como Catão, o Censor (234-149 a.C.), também escreveu uma obra denominada *De re rustica*, com informações preciosas sobre

---

[16] Com Oea (atual Trípoli) e Sabrata, Leptis Magna era uma das três cidades que deram a uma região do Norte da África, atualmente na Líbia, o nome de Tripolitânia (de *tri polis*, três cidades). Originalmente pertencente a Cartago, a região caiu sob o domínio romano em 146 a.C. Suas ruínas são hoje consideradas as maiores e mais bem preservadas de todas as cidades romanas.

[17] Imperador romano (100 a.C. a 44 a.C.).

métodos agrícolas em geral e sobre a oliveira em particular. M. Terêncio Varão Reatino (116-27 a.C.) nos legou a obra *Rerum rusticarum*, em que fala da administração de plantações, gado, peixes e abelhas e oferece conselhos sobre o cultivo da oliveira. Virgílio (70-19 a.C.), o poeta que se tornou conhecido pelo épico *Eneida*, escrito em torno de 29 a.C., passou anos trabalhando em suas *Geórgicas* (que significa *pertencente à agricultura*), obra didática sobre o cultivo da oliveira e da vinha, para a qual tomou como modelo a obra *Trabalhos e dias*, do escritor grego Hesíodo (século VIII a.C.), que expõe todas as leis do campo, como as estações, o plantio e as colheitas. Plínio, o Velho (23-79 d.C.), escreveu nada menos que 75 livros, entre os quais *Historia naturalis,* publicado em 77 d.C., com 37 volumes, nos quais descrevia tudo o que os romanos sabiam sobre o mundo natural, inclusive botânica e agricultura.

Todos esses autores falam sobre as melhores maneiras de se cultivar a oliveira, começando pela escolha do terreno, o plantio, os enxertos, a poda, a época e os sistemas de colheita, e finalizando com a produção do azeite. Muitos de seus ensinamentos ainda são atuais.

O comércio do azeite de oliva também era bastante sofisticado no tempo dos romanos. Os únicos comerciantes habilitados a negociar o produto eram os *negotiatores olearii*, que se reuniam em corporações. As partidas de azeite eram comerciadas num mercado semelhante às atuais bolsas de mercadorias, a chamada *arca olearia*, onde o azeite era classificado em cinco variedades, de acordo com a qualidade das oliveiras e o grau de maturação das azeitonas. O azeite considerado de melhor qualidade era o obtido de azeitonas ainda verdes, colhidas manualmente.

Idade Média e Renascimento

Em 301 d.C. o imperador Diocleciano[18] (245-313 d.C.), que reorganizou profundamente o Império Romano, promulgou o chamado Edito de Diocleciano, uma medida econômica para regular preços e salários,

---

[18] Imperador romano (284 d.C. a 305 d.C.).

cujos efeitos, entretanto, foram catastróficos para a agricultura e para os mercados.

Por volta do final do século IV, começaram as invasões bárbaras,[19] durante as quais grupos de invasores vindos do norte percorriam o império, devastavam as cidades e os campos e depois, em muitos casos, estabeleciam-se, assenhoreando-se de terras e modificando os usos locais. Essa situação se prolongou por séculos: com os longos períodos de guerra, muitas terras cultivadas foram abandonadas e logo invadidas por bosques e pântanos. Com isso, grande parte das oliveiras voltou ao estado selvagem, ou simplesmente morreu.

Por essa razão, a partir do século V, quando desapareceu o controle estatal sobre a produção e o comércio do azeite, os poucos olivais que haviam escapado ao abandono eram cultivados por pequenos produtores, em pequenas quantidades, o que fez com que esse produto se tornasse extremamente escasso. Para se ter uma ideia disso, em alguns casos o azeite chegou a ser usado como moeda de troca.

Assim, raro e valioso, só era encontrado nas mesas das pessoas abastadas e dos eclesiásticos. Foi então que as comunidades monásticas começaram a sanear os enormes terrenos que possuíam e a cultivar a maior parte dos olivais. Distribuía-se aos monges dos mosteiros, diariamente, o azeite necessário para temperar a refeição.

Na verdade, durante a Idade Média o azeite era destinado principalmente à liturgia. Como ainda hoje se faz na Igreja Católica, os óleos sagrados, abençoados pelo bispo na missa da Quinta-feira Santa, eram distribuídos a todas as igrejas e deviam durar o ano inteiro. Além disso, as lamparinas que adornavam os altares eram alimentadas exclusivamente com azeite de oliva, como determinado pelas Escrituras. Na Igreja Cristã Ortodoxa, o azeite, símbolo de amor e paz, era parte essencial de inúmeros ritos solenes, e alimentava as lamparinas usadas nos pequenos templos existentes em cada casa grega.

---

[19] Os romanos usavam a palavra *bárbaros* para designar povos que viviam fora dos limites geográficos do Império.

Herança de civilizações mais antigas, o uso do azeite para a iluminação de lugares sagrados passou de uma civilização a outra, dos cristãos aos muçulmanos. Aliás, o Corão também cita o azeite de oliva. Após a morte de Maomé, em 632, o islamismo, que já dominara toda a península Arábica, expandiu-se rapidamente, atravessou o estreito de Gibraltar, invadiu a península Ibérica e chegou à França. No século IX, os muçulmanos ocuparam as ilhas Baleares, a Córsega, a Sardenha e a Sicília, invadindo o Sul da Itália e saqueando Roma inúmeras vezes. A religião islâmica não foi imposta aos povos dominados, mas os conquistadores transmitiram seus vastos conhecimentos sobre culturas agrícolas, das técnicas de enxerto à poda, da irrigação à prensagem. Sob a dominação árabe, a Espanha tornou-se grande produtora de azeite, assim como os países do Norte da África e do Oriente Médio. No século XI, os cristãos iniciaram uma contraofensiva, recuperando cerca de metade da Espanha islâmica, Portugal, a Córsega e a Sicília.

Após a tomada de Constantinopla pelos turcos otomanos, em 1453, o azeite desempenha papel importante no intenso comércio que nascia entre o Mediterrâneo ocidental e a área dos mares do Norte e Báltico, pois era empregado na conservação de grande variedade de produtos alimentícios, nas lamparinas e para fazer sabão.

Em meados do século XIV, a população europeia foi dizimada por epidemias de peste, e esse fato, aliado à piora das condições atmosféricas, causou mudanças na gestão agrícola de extensas regiões, passando o cultivo da oliveira a se concentrar nas áreas mediterrâneas, de clima mais ameno.

A Toscana ganhou a paisagem que hoje a caracteriza quando a família Medici concedeu terras aos governos municipais, com a recomendação de que fossem alugadas somente a quem quisesse transformá-las em olivais ou vinhedos. A quantidade de olivais cresceu em toda a Itália, cabendo o comércio do azeite a Gênova e Veneza. Esse comércio assumiu tal importância que o vice-rei espanhol Parafran DeRivera,[20] para permitir o

---

[20] Na época, o monarca espanhol era Felipe II, rei de Espanha (1556-1598), Nápoles e Sicília (1554-1598).

transporte mais rápido do produto, fez construir uma estrada que ligava Nápoles à Apúlia, à Calábria e aos Abruzos. Navios que podiam transportar enormes quantidades de azeite chegavam de toda parte aos portos de Brindisi, Otranto e Taranto para serem carregados.

Com a descoberta da América, em 1492, o cultivo da oliveira se expandiu ainda mais: as primeiras árvores foram levadas pelos conquistadores espanhóis para as Índias Ocidentais e, mais tarde, para o continente americano. Por volta de 1560, já havia olivais no México.

Mas depois dessa fase de prosperidade, no século XVII a olivicultura declinou nas Américas, em virtude dos altos impostos cobrados pelos colonizadores espanhóis. Na mesma época, o início de um longo período de baixas temperaturas também reduziu a produção das oliveiras europeias, e a recuperação só ocorreu por volta de 1680.

O século seguinte trouxe grande expansão da olivicultura na Itália. Fizeram-se estudos mais profundos, que resultaram em publicações especializadas, incentivou-se a produção e modernizaram-se os sistemas de colheita e conservação. Por tudo isso, a qualidade do azeite italiano melhorou muito e ganhou fama no mercado europeu. O enorme crescimento da produção também se deveu ao fato de o governo conceder isenções fiscais aos proprietários dos olivais, de modo que as áreas dedicadas à olivicultura se ampliaram cada vez mais.

A partir de 1830, o Estado Pontifício incentivou os que plantavam uma oliveira e cuidavam dela por, pelo menos, um ano e meio. Naquele tempo, o Estado Pontifício era bem maior do que é hoje, e só na Úmbria, que fazia parte dele, depois daquele incentivo foram plantadas cerca de 40 mil oliveiras.

A oliveira na Idade Moderna

No início do século XX, o rei Umberto I de Saboia proibiu abater oliveiras, e, desde então, a olivicultura italiana cresceu em quantidade e qualidade. Os olivais pouco produtivos foram recuperados com novas técnicas de plantio e poda e mecanizou-se a colheita, que passou a ser feita mais cedo. Com a adoção de novas tecnologias, modificou-se o sistema de moagem e introduziram-se novas técnicas de prensagem. Tudo isso permitiu uma grande melhoria na qualidade, ao mesmo tempo que se reduziam os custos e os preços.

Em nossos dias, o cultivo da oliveira está difundido por quase todo o planeta: nos Estados Unidos, foi introduzido pelos jesuítas nos tempos coloniais; no México, está presente desde o século XVII; floresce bem no Chile, onde as azeitonas fornecem azeite de muito boa qualidade. Há também olivais na Argentina, no Brasil, na Rússia, na Ucrânia, no alto Egito, na África do Sul, na Coreia, no Japão, no Vietnã, na Oceania meridional, na Austrália e na Nova Zelândia. Sua produção, portanto, está em constante crescimento, mas ainda é na bacia do Mediterrâneo que se cultivam mais de 90% dos 800 milhões de oliveiras do mundo.

A árvore e as azeitonas

Paisaje

El campo
de olivos
se abre y se cierra
como un abanico.
Sobre el olivar
hay un cielo hundido
y una lluvia oscura
de luceros fríos.
Tiembla junco y penumbra
a la orilla del río.
Se riza el aire gris.
Los olivos
están cargados
de gritos.
Una bandada
de pájaros cautivos,
que mueven sus larguísimas
colas en lo sombrío.[1]

Federico García Lorca, Poema de Cante Jondo.

---

[1] O campo/de oliveiras/se abre e se fecha/como um leque./Sobre o olival/há um céu submerso/e uma chuva obscura/de astros gelados./Tremem junco e penumbra/à beira do rio./ O ar cinzento se encrespa./As oliveiras/estão carregadas/de gritos./Um bando/de pássaros prisioneiros/que movem as longuíssimas/caudas na escuridão.

PORTUGUÊS	Oliveira	Azeitona	Azeite
ITALIANO	Olivo	Oliva	Olio di oliva
ESPANHOL	Olivo	Aceituna	Aceite de oliva
CATALÃO	Olivera	Oliva	Oli d'oliva
BASCO	Olibondo	Oliba	Olibolioa
GALEGO	Oliveira	Azeitona	Azeite
FRANCÊS	Olivier	Olive	Huile d'olive
INGLÊS	Olive-tree	Olive	Olive oil
ALEMÃO	Olive	Olive	Öl, Olivenöl
ÁRABE	Shajret zeitun	Zeituna	Zeit
LATIM	Olea/Oliva	Olea/Oliva	Oleum/Olivum

A OLIVEIRA É UMA ÁRVORE PERENE do grupo das angiospermas, subdivisão do reino vegetal que compreende as plantas floríferas, cujas sementes estão encerradas no pericarpo,[2] ou seja, dentro da fruta. Pertence à classe das dicotiledôneas,[3] à ordem das escrofulariáceas e à família das oleáceas, que inclui espécies espontâneas e ornamentais, como o freixo, o jasmim e o lilás. O nome científico da oliveira cultivada para produzir azeite é *Olea europaea L.* Nessa espécie distinguem-se duas subespécies, a *Olea europea* var. *sativa*, que é a oliveira cultivada ou doméstica, e a *Olea europaea* var. *sylvestris*, que é a oliveira brava, conhecida popularmente como zambujeiro.

A oliveira começa a frutificar entre o quinto e o décimo ano após o plantio, mas só alcança pleno desenvolvimento depois de vinte anos. Dos 35 aos 100-150 anos vive sua maturidade, e é nessa fase que se obtém a máxima produção. Depois disso, embora a qualidade se mantenha, a quantidade de frutos que rende é irregular: em condições meteorológi-

---

[2] O próprio fruto, excluindo as sementes, formado, de dentro para fora, pelo epicarpo, mesocarpo e endocarpo.

[3] Classe de angiospermas caracterizada pelo embrião provido de dois cotilédones (folhas que se formam no embrião e têm como função nutrir a jovem planta nos primeiros estágios de desenvolvimento).

cas normais, produz alternadamente muito num ano e, no subsequente, pouco, quando fica em repouso.

O zambujeiro, que tem folhas estreitas e curtas e ramos densos e espinhosos, cresce espontaneamente na região mediterrânea, isolado ou em bosques, muitas vezes usado para enxertos. É menor do que a oliveira doméstica, e seus frutos também são menores, têm pouca polpa e rendem menos azeite. O azeite produzido pelas azeitonas do zambujeiro é mais fino que o da oliveira doméstica, cujos frutos são menos numerosos, mas mais polpudos e ricos em azeite.

A oliveira cultivada cresce muito lentamente, e sua altura varia de 4 m a 10 m. Seu tronco verde-acinzentado, que nos primeiros dez anos é redondo e liso, na maturidade torna-se rugoso e contorcido, com madeira escura, muito resistente e cheia de estrias. A copa tende a ser densa e, com o correr do tempo, torna-se esférica.

As raízes se desenvolvem superficialmente: nos solos mais férteis, penetram somente entre 1,5 m a 2 m, mas estendem-se horizontalmente, por até duas ou três vezes a altura da árvore, fixando-a firmemente ao solo e assegurando-lhe a absorção de água.

Na árvore adulta, no ponto de inserção do tronco com as raízes formam-se protuberâncias redondas, os óvulos, de onde nascem brotos que, se extirpados e plantados, criam raízes e se transformam em novas plantas.

As folhas, que duram cerca de três anos, podem ter forma elíptica, elíptico-lanceolada ou lanceolada;[4] são verde-acinzentadas, mais brilhantes e escuras na parte superior, prateadas e pilosas na inferior, com a borda regular e sem reentrâncias. Em geral, medem de 6 cm a 8 cm de comprimento, mas seu tamanho depende da variedade. O pecíolo que as prende à árvore é curto, e de suas axilas brotam inflorescências em cacho, com número de flores que varia de 10 a 40. A flor, de cor que vai do branco ao amarelo-claro, é hermafrodita,[5] com cálice verde-claro e quatro pétalas na base, para reter o pólen. Depois da fecundação, o fruto começa a se formar e as flores não fecundadas caem. Só 1% das flores

---

[4] De forma semelhante à ponta da lança.
[5] Com gineceu e androceu.

chega a se tornar fruto, mas a enorme quantidade de flores que a oliveira produz sempre garante a produção.

O ciclo vegetativo anual varia segundo a latitude. No hemisfério Norte, a planta recomeça a brotar após o inverno, que vai de dezembro a março. As primeiras inflorescências aparecem entre maio e junho, e, depois que as flores se abrem, ocorre a polinização por anemofilia, quando o pólen é transportado pela brisa. Muitas espécies cultivadas, porém, resultam de hibridação e devem ser fecundadas com o pólen de outras espécies. Nesse caso, entremeia-se às plantas a serem fecundadas, no plantio, até 10% de plantas polinizadoras, que pertencem a variedades diferentes.

O fruto, de forma elipsoide, ovoide ou esferoide, é uma drupa[6] constituída por epicarpo, mesocarpo e endocarpo. O epicarpo, que corresponde à casca, é constituído por uma película que protege o fruto; inicialmente verde, à medida que ocorre o processo de maturação torna-se avermelhado, até ficar completamente negro. O mesocarpo corresponde à polpa, carnuda e suculenta, e representa de 70% a 80% do peso total do fruto. O endocarpo corresponde ao caroço, que é pequeno, duro, estriado e pontudo, e encerra a semente que, em determinadas condições, dará origem a uma nova plantinha. Depois de completamente madura, a azeitona é composta de aproximadamente 50% de água vegetal, 21% de azeite, 20% de carboidratos, 6% de celulose, 1,5% de proteínas e 1,5% de cinzas.

A composição das azeitonas verdes é ligeiramente diferente da composição das pretas, como se pode observar no quadro a seguir. Cem gramas de azeitonas contêm:

	Azeitonas verdes	Azeitonas pretas
Proteínas	28 g	16 g
Ácidos graxos	2,5 g	2,5 g
Glicídios	0,3 g	1,5 g
Fibras	0,9 g	0,5 g
Calorias	23	25

Fonte: L'encyclopédie visuelle des aliments (Montreal: Québec Amérique, 1996).

---

[6] Fruto carnoso com uma semente muito dura.

O ciclo de desenvolvimento da oliveira compreende diversas fases. A primeira é a da juventude, que vai do plantio no viveiro até o início da produção no campo. A segunda começa com a produção, quando a planta, entre 10 e 20 anos, cresce e frutifica. A seguinte é a fase adulta, em que as raízes e a copa chegam ao desenvolvimento máximo, depois dos 20 anos, e a produção, com técnicas adequadas de poda e cultivo, mantém-se constante. Inicia-se depois a fase de senescência, o período de envelhecimento, que pode durar séculos, durante o qual a produção se reduz, tornando-se irregular.

Condições de clima e solo

Para se desenvolver bem, a oliveira exige verões quentes e secos, invernos chuvosos e não muito rigorosos. Por essa razão, a faixa climática mais apropriada para o seu cultivo é a zona compreendida entre os paralelos 30° e 45°, tanto no hemisfério Norte como no hemisfério Sul, a altitudes de até 600 m a 700 m.

Típica do clima mediterrâneo, a planta se desenvolve melhor em áreas com índice de pluviosidade média entre 350 mm e 400 mm anuais, mas pode também prosperar em locais áridos e resistir a fortes secas. Suporta temperaturas estivais de até 40 °C, mas os verões quentes demais prejudicam sua floração, e os invernos muito frios, com temperaturas inferiores a 7 °C negativos, podem prejudicar a árvore de maneira irreversível. Tolera todos os tipos de solo, dos paupérrimos aos de aluvião, adapta-se bem aos pedregosos, desde que permeáveis, mas aceita mal os excessivamente calcários.

A oliveira também precisa de vento, para que possa haver polinização, e de luminosidade, que controla a biossíntese dos carboidratos e a transpiração.

A grande longevidade da oliveira se deve à excepcional capacidade que a copa e as raízes têm de se recuperar depois de geadas, incêndios ou ataques de parasitas. Por isso, a árvore pode viver centenas de anos, chegando, às vezes, a mais de um milênio.

Plantio, adubação, irrigação, poda e colheita

In vitro e *in vivo* (em animais), os minúsculos componentes polares
do azeite de oliva extravirgem aumentam
significativamente a resistência do LDL à oxidação.

Bruno Berra, Faculdade de Farmácia, Milão

ATÉ HÁ POUCO TEMPO, em muitas regiões em que se cultivava a oliveira havia uma tradição interessante: quando nascia uma criança, plantava-se uma dessas árvores, que seria a sua "oliveira pessoal". Planta e criança cresciam e se desenvolviam juntas, e, anos depois, quando a criança entrava na fase escolar, a oliveira dava seus primeiros frutos. Os pais semeavam para os filhos, porque a planta é de desenvolvimento muito lento. Mas como em média tem também uma vida muito mais longa do que a do ser humano, a árvore era, depois, herdada pelas gerações seguintes, continuando a produzir azeitonas por muitos anos.

Nos tempos mais antigos, as sementes de oliveira cultivada eram plantadas em viveiros de mudas, as quais, quando chegavam a um certo grau de desenvolvimento, eram transplantadas no campo. A irrigação era irregular, e as pragas somente eram controladas de maneira inconsciente, quase que por acaso.

Tanto Columela, em seu *De re rustica*, como Plínio, o Velho, em sua *Naturalis historia*, recomendavam que a colheita das azeitonas fosse feita manualmente, assim que começassem a mudar de cor. De fato, naquele tempo era assim que se fazia. Um outro método, utilizado até os nossos dias mas menos recomendável, era a varejadura, que consistia em fustigar os ramos com longas varas, provocando a queda das azeitonas. Mas a varejadura apresentava o inconveniente de danificar os ramos, e no ano seguinte as árvores nada produziam. Por outro lado, porém, sem azeitonas para alimentar e adubadas com estrume, apareciam-lhes galhos novos, promessa de uma boa colheita no ano subsequente.

Tais métodos eram os únicos a que tinham acesso os agricultores da época, que não dispunham dos avanços tecnológicos que hoje conhecemos.

Hoje, quando se instala um olival, são utilizados critérios mais racionais, pois, para obter uma boa produtividade e azeite da melhor qualidade, nada pode ser deixado ao acaso, já que, a despeito de sua alta capacidade de adaptação em termos de solo e de clima, as oliveiras só produzirão bem se o cultivo for adequado. Com esse objetivo, fazem-se estudos específicos para calcular as quantidades e proporções das adubações de instalação e a densidade do olival, ou seja, a distância mais adequada entre as árvores,[1] e para determinar que variedades da planta melhor se adaptam à zona em que se pretende fazer o plantio. Além de tudo isso, é preciso cuidado especial na escolha do terreno, pois a oliveira é muito sensível ao encharcamento e necessita de solos arejados. Por essa razão, devem ser evitados os locais com camadas impermeáveis no solo, bem como aqueles com declives acentuados e com risco de erosão. Embora seja preciso que o terreno do olival tenha pedras para protegê-lo da erosão pluvial, as rochas não devem ser muito grandes nem numerosas a ponto de impedir a mecanização operacional.

No verão, antes da instalação do olival, é necessário tratar profundamente o solo, incorporando fertilizantes para corrigir-lhe a acidez e drenando-o, se houver tendência a alagamentos, para prevenir problemas nas raízes.

---

[1] A densidade de instalação mais comum vai de 70 a 150 plantas por hectare.

Hoje em dia, os métodos mais usados para a propagação das oliveiras são a *enxertia*, a *estaquia* e a *micropropagação*. O plantio de sementes é desaconselhado, em virtude do longo período que as mudas exigem para se desenvolver.

A técnica da enxertia consiste em fazer com que o fragmento de uma planta, capaz de se transformar em broto, seja inserido em uma outra planta, de modo que o conjunto passe a constituir um único indivíduo vegetal. A enxertia pode ser feita tanto em zambujeiros como em oliveiras cultivadas já existentes.

Na estaquia, as mudas são obtidas a partir de estacas, que são pedaços de ramos e brotos jovens plantados por tempo suficiente para formarem raízes.

A micropropagação se baseia na produção de mudas a partir de tecidos provenientes de ápices, folhas ou embriões, e propicia uma alta taxa de multiplicação das plantas.

Implantado o olival, para que a cultura se desenvolva bem é necessário cuidar do solo, da adubação, da irrigação e da poda, embora o ciclo de maturação da fruta dependa também de fatores ambientais, como secas e chuvas.

Adubação

A adubação serve para retificar as quantidades e proporções dos minerais necessários ao desenvolvimento das plantas que o terreno contém, integrando-os entre si. Assim sendo, a época em que é feita, bem como a qualidade e a quantidade de adubo, dependem de muitas variáveis, entre elas o tipo de solo e a exposição ao sol. Nos olivais, o adubo mais tradicionalmente usado é o orgânico (esterco), que pode fornecer às plantas nitrogênio, fósforo, potássio e muitos outros elementos necessários à sua nutrição. O lixo orgânico, que consiste em restos de alimentos, também já foi muito usado para essa finalidade: até o início do século XX, era comum reciclar o lixo orgânico de aldeias e cidades para adubar olivais.

Irrigação

Quando não há umidade suficiente, é preciso irrigar a oliveira pelo menos durante a fecundação das flores e o crescimento do fruto, para garantir que os ramos possam crescer mais e, portanto, carregar maior quantidade de frutos. Quanto mais fruta houver, maior será a quantidade de água de que a planta necessitará.

A maior parte dos olivais hoje existentes ainda enfrenta os meses estivais sem qualquer água, sofrendo as consequências disso: maturação mais lenta, queda dos frutos ao chão, maiores intervalos entre os anos mais produtivos. Somente nos olivais de criação mais recente é que se pratica regularmente a irrigação com o objetivo de aumentar a produção, já que as árvores regadas com regularidade chegam a duplicar o volume do fruto.

Os sistemas de irrigação variam, dependendo da disponibilidade de água para o abastecimento, do relevo do terreno e da área a irrigar.

O método de irrigação mais comumente usado nos olivais é o tradicional, chamado *irrigação por sulco*, que, quando bem planejado – aproveitando as inclinações do terreno –, é ideal para os cultivos em fileiras.

Na técnica de irrigação por *gotejamento*, a água é levada sob pressão por tubos plásticos que apresentam, a distâncias variáveis, orifícios com emissores que despejam pequenas quantidades de água (entre 5 l/h e 10 l/h) diretamente sobre as raízes. Esse sistema permite uma economia de água de até 30% em relação ao método tradicional, além de poder ser usado também, com grande eficiência, na aplicação de fertilizantes e no controle de ervas daninhas.

O uso regular de métodos adequados de irrigação é essencial para manter e aumentar a produtividade do olival, pois no verão, época do crescimento dos frutos, a falta de água pode comprometer fortemente a colheita, e, no outono, quando as azeitonas amadurecem, pode reduzir a produtividade do ano seguinte.

Poda

A poda, que deve ser feita uma vez por ano, consiste no desbaste metódico da ramagem da oliveira, servindo para suprimir os ramos doentes e para modificar a tendência da planta a produzir mais ramos vegetativos do que frutíferos. Isso favorece a produtividade equilibrada em relação ao desenvolvimento anual da planta e permite regularizar a produção e aumentar a quantidade e a qualidade dos frutos.

A poda também proporciona às árvores um melhor arejamento e iluminação da copa, o que é importante porque, quando mal iluminada, a oliveira consome mais água, o que prejudica o desenvolvimento das drupas e, portanto, seu rendimento em azeite. Ademais, uma poda cuidadosa facilita a penetração dos fertilizantes e dos tratamentos contra pragas e doenças, tornando-os mais eficazes. Por todas essas razões, nenhuma oliveira destinada à produção pode ficar muito tempo sem poda.

Ao fazer a poda, os ramos da base devem ser eliminados gradualmente, para não reduzir a vitalidade e o potencial produtivo das oliveiras. Por essa razão, em cada estágio de desenvolvimento da planta é usado um tipo diferente de poda: a poda de *instalação* é feita nos primeiros anos após o transplante definitivo, o que contribui para determinar a forma da copa; nas árvores, em períodos mais adiantados de desenvolvimento, pode ser feita a poda de *reforma*, que serve para modificar o aspecto da copa, com o objetivo de corrigir erros da poda de instalação ou de recuperar a forma original de uma planta abandonada; nas plantas em plena produção faz-se a poda de *frutificação*, com a qual se extirpam os ramos meramente vegetativos para favorecer o desenvolvimento dos ramos frutíferos e melhorar a produção; finalmente, nas oliveiras mais idosas pode ser feita a poda de *rejuvenescimento* e *regeneração*, para livrar a árvore de ramos improdutivos ou danificados pela geada, o que devolve a antiga produtividade a velhos olivais.

A colheita das azeitonas

A colheita é uma das fases mais importantes de todo o processo de produção do azeite: é preciso uma colheita de qualidade para garantir a excelência do produto final. Assim, deve-se trabalhar com o máximo cuidado para não alterar ou danificar a qualidade dos frutos. Além disso, o custo dessa fase pode representar mais da metade do custo de produção, visto que, na olivicultura tradicional, quase todos os sistemas de colheita são manuais ou semimanuais, exigindo, nos olivais mais extensos, grande quantidade de mão de obra por longos períodos.

A azeitona deve ser colhida quando apresenta suas melhores características, isto é, quando a superfície do fruto está parcial ou completamente colorida e a polpa continua clara. A época da colheita depende da variedade da planta e do destino que se pretende dar ao produto, seja para se obter azeitonas de mesa ou azeite de oliva. É uma decisão a ser tomada ao se observar, de perto, o andamento da maturação. No hemisfério Norte, porém, o melhor período para colher as azeitonas se situa, geralmente, entre os meses de outubro e fevereiro.

No caso das azeitonas verdes de mesa, a melhor época é quando o fruto já alcançou o maior tamanho, mas ainda não começou a mudar de cor. Para as pretas, o melhor momento é quando a pele e a polpa adquiriram uma cor violácea, sem, no entanto, perder a consistência. Já para as azeitonas destinadas à extração de azeite, o momento ideal da colheita é quando a polpa começa a mudar de cor e a ficar tenra. Não se deve colher frutos em avançado estado de maturação, porque nessa fase já estão em andamento processos oxidativos, que alteram a estrutura molecular do azeite, aumentando-lhe a acidez e a quantidade de peróxidos, o que reduz, portanto, sua capacidade de conservação.

Estando as azeitonas no ponto ideal para serem colhidas, é preciso escolher o método que vai ser usado para isso entre os seguintes:

- colheita manual – Os frutos são colhidos das árvores, um por um. Este é o melhor sistema porque permite escolher, ainda na planta, as azeitonas a serem colhidas, e evita que caiam ao solo e se danifiquem, de modo que os frutos chegam ao lagar (em italiano, *frantoio*) com poucas impurezas (terra, folhas ou pedras). Apesar dessas vantagens, a colheita manual tem também alguns inconvenientes. Em primeiro lugar, só pode ser feita em plantas baixas: antigamente, quando as árvores não eram podadas para limitar-lhes a altura, algumas oliveiras chegavam a ter mais de 10 m, o que tornava a colheita manual muito perigosa. Além disso, como cada trabalhador recolhe em média cerca de 10 kg de azeitonas por hora, a colheita manual requer grande quantidade de mão de obra. Por essa razão é, de longe, o mais caro e trabalhoso dos métodos;

- varejadura – Este sistema de colheita consiste em golpear os galhos da planta com uma vara longa e flexível, de modo que a vibração faça cair as azeitonas em lonas previamente estendidas sob as árvores. A operação é demorada, trabalhosa e pouco satisfatória do ponto de vista técnico, pois, além de danificar os frutos, fere os galhos, criando condições favoráveis para o desenvolvimento de pragas;

- colheita mecanizada sobre redes – Versão mecanizada da colheita com varas, este método é muito difundido na Ligúria, onde os olivais são muito densos e se localizam em terrenos bastante inclinados. Uma máquina ou vibrador sacode o tronco ou os galhos da árvore e faz com que as azeitonas caiam sobre redes penduradas sob a copa, de modo a evitar o contato dos frutos com o solo. O uso das redes permite preservar melhor a qualidade do produto do que na colheita com varas. Isso sem contar que a mecanização diminui consideravelmente os custos da colheita, acelerando-a e reduzindo a necessidade de mão de obra. O grande inconveniente deste método é que o vibrador pode causar mais estragos às árvores do que a varejadura manual;

- colheita com pentes – Uma variação do método anterior. Por apresentar as mesmas vantagens e inconvenientes, este é o mais rápido e barato entre os sistemas usados para colher azeitonas.

É praticado em várias regiões italianas, como a Toscana, a Úmbria, o Lácio e a Apúlia, onde o terreno o permite, com equipamentos (pentes) dotados de mãos mecânicas que transmitem vibrações ao caule e aos galhos, fazendo com que as azeitonas caiam sobre as redes penduradas sob as árvores;

- apanha – É um tipo de colheita manual tardia que consiste em recolher, um por um, os frutos que caíram, porque estavam completamente maduros. O sistema tem o grave inconveniente de permitir que as azeitonas sofram alterações moleculares, pois, nesse momento, estão excessivamente maduras e sujas de terra, o que faz com que o azeite delas extraído tenha acidez acentuada e reduzida resistência ao ranço.

Doenças e pragas

> Estes poucos primos insistiram em acompanhar-me.
> Eu lhes disse que nas terras do xeque eles encontrariam
> sempre um canto sombreado para repousar,
> e duas azeitonas para mitigar a fome.
> *Amin Maalouf,* The Rock of Tanios

Desde a mais remota Antiguidade, os olivais sempre foram vítimas de ataques de numerosas pragas, como insetos, fungos, ervas daninhas, parasitas e bactérias que provocam doenças nas plantas.

Entre os insetos que atacam as oliveiras, os mais comuns são a mosca-da-azeitona, a traça-da-oliveira, a cochonilha-preta, o algodão, o caruncho, o trips e a pirale-da-oliveira.

A mosca-da-azeitona (*Bractocera oleae*) é considerada praga das mais temíveis. A mosca adulta põe os ovos no fruto, de que a larva se alimenta, formando grande número de galerias que permitem a penetração de fungos e bactérias que decomporão o fruto. Por isso o peso do fruto diminui consideravelmente e, além disso, cai com facilidade. Com isso fica claro por que as características organolépticas do azeite produzido com azeitonas atacadas pela mosca da azeitona são inferiores, e muito ácidas.

A traça-da-oliveira (*Prays oleae*) também causa perdas de produção consideráveis. Ela se desenvolve em três gerações sincronizadas com o cultivo da oliveira, cada uma delas em um órgão diferente da planta: nas folhas, nas flores e nos frutos. As larvas abrem galerias e vão, no final, para a amêndoa do caroço, onde penetram e permanecem. Quando a traça já adulta finalmente sai da azeitona, abre para isso um orifício tão próximo do pedúnculo que o fruto acaba se soltando e caindo.

A cochonilha-preta (*Saissetia oleae*) acomete os olivais mais úmidos ou mais próximos de rios e córregos, além daqueles de solo mais fértil e os de árvores excessivamente frondosas e mal-arejadas. Ela suga a seiva das árvores, debilitando-as, e excreta uma substância conhecida como melada, que, além de atrair a mosca-da-oliveira e dificultar a colheita das azeitonas, favorece o desenvolvimento de fungos, como a fumagina (*Capnodium spp.*), que dificultam a fotossíntese e a respiração, o que pode levar ao desfolhamento da planta.

O algodão-da-oliveira (*Euphyllura olivina*) suga a seiva nos pedúnculos das flores e enfraquece as árvores, causando a queda de flores e folhas; também pode atacar os frutos. Não é uma praga muito importante, mas ataques muito intensos dificultam o crescimento dos olivais jovens, pois o inseto excreta uma cera esbranquiçada que o cobre, sobre a qual se desenvolve a fumagina.

O caruncho (*Phloeotribus olivina*) hiberna em pequenas cavidades abertas nas axilas dos cachos. Quando ataca árvores enfraquecidas, pode causar-lhes a morte. Quando ataca árvores saudáveis, seca as pontas dos galhos pequenos.

O trips (*Liothrips oleae*), quando adulto, hiberna nas fissuras do caule da oliveira até a primavera, quando se acasala e põe os ovos nas fendas da árvore. Alimenta-se rompendo a parede das células e sugando a seiva, o que provoca o amarelamento das áreas danificadas. As folhas se retorcem e os frutos ficam deformados, menores que o normal. Pode afetar não apenas a colheita do ano, como também a dos anos subsequentes.

A pirale-da-oliveira (*Euzophera pinguis*) é um tipo de traça que só ataca as oliveiras mais vigorosas e os freixos. As galerias feitas pela larva na base do tronco e na junção dos ramos bloqueiam a circulação da seiva, matando as extremidades da planta. Bastam cinco ou seis larvas para causar a morte da hospedeira.

Bactérias e fungos provocam nas oliveiras diversos tipos de doenças, das quais as mais conhecidas são a gafa, o olho-de-pavão e a ronha ou tuberculose da oliveira.

A gafa (*Gloeosporium olivarum*) é a mais importante das doenças, pois afeta as oliveiras e ataca as azeitonas no outono, durante o início da maturação, quando a cor muda de verde para roxo. Os frutos apresentam depressões circulares escuras na polpa e desprendem-se facilmente dos galhos. Com isso adquirem cheiro e sabor desagradáveis: o azeite produzido com eles é de má qualidade e de elevada acidez.

O olho-de-pavão (*Cycloconium oleaginum* ou *Spilocaea oleaginae*) provoca o aparecimento de manchas circulares concêntricas amarelas, marrons e negras na parte superior das folhas. Por vezes causa o desfolhamento quase total da árvore, enfraquece-a e impede a diferenciação floral. Em condições climáticas favoráveis, pode atacar também os frutos, que passam a apresentar manchas circulares e caem da árvore.

A ronha ou tuberculose da oliveira (*Pseudomonas syringae)* é causada por uma bactéria que provoca hipertrofia nos tecidos vegetais. Ela se manifesta pelo aparecimento de tumores nos rebentos e ramos jovens, que secam. A doença afeta a qualidade das azeitonas, cujo azeite terá um sabor desagradável, e os tumores que provoca favorecem os ataques da pirale-da-oliveira.

Contudo, não são somente os insetos e as doenças que atacam os olivais. Há também as pragas vegetais, constituídas pelas plantas infestantes, que, além de abrigar insetos e outros agentes patogênicos, competem com o olival por espaço, água, luz e nutrientes, reduzindo o crescimento das plantas jovens. São geralmente classificadas em anuais, bianuais ou plurianuais, conforme completem o ciclo vegetativo em um, dois ou mais de três anos. Também podem ser classificadas em ervas, plantas de folhas largas e moitas e/ou árvores.

Por muito tempo as pragas e doenças dos olivais foram consideradas flagelos para os quais não havia qualquer solução. Antigamente, nada se fazia para controlar a situação, a não ser por acaso, quando os agricultores desbastavam uma planta para obter madeira para queimar no fogão, ou quando arrancavam e queimavam, com ela, os fungos e parasitas que porventura existissem, dificultando a sua multiplicação. Além disso, dada a baixa densidade dos olivais, tampouco ocorria com grande frequência a propagação de pragas de uma árvore para outra. Mais tarde, os ramos podados passaram a ser queimados no próprio olival, para que não fossem atacados pela mosca-da-azeitona. Quando a planta tinha alguma doença, cortavam-se as partes infectadas e desinfetava-se o restante com uma solução de água e cal. Ou então, quando a doença já estava muito espalhada, simplesmente eliminava-se a planta toda, queimando-a.

Atualmente os olivais são mais densos, o que favorece o aparecimento e a propagação de pragas, particularmente fungos e insetos. Entretanto, embora a oliveira cultivada seja mais frágil do que as plantas espontâneas, existem inúmeros remédios e produtos químicos para combatê-los.

Quanto às ervas daninhas, antigamente a única opção possível era capiná-las, pelo menos em torno das árvores. Nos dias de hoje esse método é pouco usado, por ser de custo excessivamente elevado: por isso o combate é feito, geralmente, pela aplicação de herbicidas sobre todo o solo do olival.

Tipos e variedades de oliveiras

> Eu amo
> As pátrias do azeite
> Os olivais
> De Chacabuco, no Chile
> Na manhã
> Penas de platina
> Florestais
> Contra as enrugadas
> Cordilheiras.
> *Pablo Neruda,* Ode ao azeite

A FAMÍLIA da oliveira inclui trinta tipos e seiscentas espécies diferentes, distribuídas por quase todas as regiões do mundo. Embora não se saiba exatamente quantas sejam as variedades de oliveiras hoje cultivadas, calcula-se que haja mais de 2 mil, cada uma delas geneticamente diferente de todas as demais, embora as características morfológicas possam ser similares. As variações no genótipo decorrem dos métodos de propagação, como a enxertia, e também da polinização cruzada espontânea, do ambiente, do tipo de solo e até das técnicas de cultivo utilizadas.

Conforme a finalidade a que se destinam seus frutos, as oliveiras podem ser classificadas em três grandes grupos:

1. os cultivares para azeite, que produzem azeitonas pequenas, de polpa pouco espessa em relação ao caroço. As variedades deste

tipo devem ter rendimento constante em quantidade e qualidade, com o peso do azeite obtido representando pelo menos 18% do peso das azeitonas;

2. os cultivares de mesa, que produzem os frutos destinados ao consumo direto. As azeitonas devem ser de tamanho médio a grande, com polpa espessa, mas ter rendimento de azeite inferior a 17%. Há espécies destinadas principalmente à produção de azeitonas verdes, que são colhidas antes do amadurecimento, e outras à de azeitonas pretas, colhidas depois de completamente maduras;

3. os cultivares cujas azeitonas tanto podem ser usadas para a mesa como para a produção de azeite, embora de bom tamanho e polpa espessa, apresentam um rendimento de azeite entre 18% e 20%.

Praticamente todas as variedades de oliveira florescem na primavera, época em que o fruto começa a se formar. Mas o crescimento dos frutos e o tamanho que podem atingir dependem de fatores que variam com o tipo e a diversidade da planta, como, por exemplo, a quantidade de azeite e o aumento de água nas células da polpa durante a primeira fase de maturação, no fim de julho. Nas fases seguintes, a água tende a reduzir-se, o fruto se enruga e termina por desprender-se, seja espontaneamente ou pela ação do vento, mas o ritmo em que isso ocorre também depende da variedade da oliveira.

Outras características que variam notavelmente conforme o tipo de cultivar, dependendo também das técnicas de cultivo empregadas, da zona de produção e do clima, são o ritmo e a intensidade da mudança de cor das azeitonas durante as diversas fases de amadurecimento, indo do verde da fruta que começa a amadurecer ao vermelho vinoso, chegando finalmente ao preto, cor da azeitona madura. O ciclo de maturação vai do verão até o final do outono e início do inverno. Durante todo esse período são colhidas azeitonas em diferentes épocas, conforme a sua variedade e o uso que se fará delas.

Da azeitona
ao azeite

> É a oliveira prateada que alimenta nossos meninos;
> nem a juventude nem a velhice destroem
> a planta de que o olivicultor cuida e
> a própria Atená defende.
>
> *Sófocles*, Édipo rei

A EXTRAÇÃO DO AZEITE de oliva é feita desde o período neolítico,[1] quando existiam somente as oliveiras selvagens que ocupavam grandes áreas de bosques. Os frutos eram poucos e pequenos, os processos de extração primitivos, o que tornava necessária uma grande quantidade de azeitonas para extrair 1 l de azeite, portanto, um produto "de luxo".

Em escavações arqueológicas feitas na ilha grega de Santorini foi encontrada uma mó muito antiga, que data da época da civilização micênica, entre 1600 a.C. e 1200 a.C. Essa mó é constituída por duas grandes pedras do mesmo tamanho, uma côncava e a outra convexa. Para extrair o azeite, espalhavam-se as azeitonas sobre a primeira pedra e deixava-se, depois, cair sobre ela a segunda. Os frutos assim esmagados formavam uma pasta, composta de azeite, bagaço e água de vegetação (em italiano, *acqua di vegetazione*). Essa pasta era, então, colocada em cestas rasas, de vime ou outra fibra vegetal, que se sobrepunham de modo que o peso

---

[1] Cerca de 4000 a.C. a 2000 a.C.

de uma sobre a outra exercia uma certa pressão, com o que a polpa ficava retida e a água de vegetação e o azeite escorriam para um grande recipiente de decantação. Depois de algum tempo em descanso, o azeite e a água se separavam, por terem densidades diferentes: o azeite vinha à tona e a água ficava na parte inferior, onde se abria um buraco para retirá-la.

Um outro método muito antigo é o uso de lagares, tanques de pedra onde as azeitonas eram despejadas e, logo em seguida, amassadas com paus ou outros utensílios apropriados, precursores da mó.

No apogeu da civilização romana, a olivicultura era um dos setores agrícolas mais desenvolvidos. Na época imperial, o azeite de oliva era abundante e de preço acessível, sendo muitas vezes distribuído gratuitamente aos mais pobres.

O azeite sempre exerceu uma grande atração sobre os homens, por suas indiscutíveis qualidades nutritivas, terapêuticas e cosméticas, que já foram exaustivamente confirmadas pela ciência. Desde tempos bastante remotos, o produto foi empregado para curar feridas e suavizar irritações da pele, conservar outros alimentos, como base de cosméticos e óleos perfumados, e também para embalsamar cadáveres.

Como o azeite tem a vantagem de poder ser extraído por métodos naturais, sem necessidade de aditivos ou solventes, sua qualidade depende de apenas três fatores: a qualidade das azeitonas, a tecnologia de extração e os cuidados na embalagem e na conservação.

As azeitonas que vão para o lagar não devem estar nem muito verdes nem excessivamente maduras: precisam ser saudáveis, sem qualquer praga, estar inteiras, não amassadas e nem ter sido geladas. Em diferentes estágios da maturação, a composição química da azeitona se modifica, razão pela qual as azeitonas ideais para o azeite são aquelas colhidas quando começam a mudar de cor, já que uma colheita precoce ou tardia demais pode causar alterações desagradáveis no sabor do produto. Azeitonas amassadas, geladas ou atacadas por pragas também produzem azeites com qualidades organolépticas inferiores, com gosto de ranço ou de mofo.

Os cuidados com a cultura – poda, adubação, irrigação e colheita – são elementos importantes para determinar a qualidade do azeite, do mesmo modo que a variedade do cultivar e o ambiente edafoclimático, ou seja, as condições de solo, relevo, temperatura e índices pluviais. Mas o transporte e a conservação das azeitonas são, com certeza, as fases mais críticas de todo o processo de produção.

Após a colheita, as azeitonas devem ir para o lagar o mais rapidamente possível, de preferência no período de doze horas, e nunca demorando mais do que 48 horas. Para evitar que as frutas sejam amassadas durante a carga ou descarga, o transporte para o lagar deve ser feito em recipientes rijos, que tenham orifícios nas laterais e no fundo para permitir a circulação do ar. Há que se evitar o uso de caixas de madeira ou sacos de juta, mesmo pequenos, para evitar o aquecimento. Além disso, deve-se cuidar para que as azeitonas embaladas não contenham pedras, terra ou outras impurezas, que podem causar rupturas na pele dos frutos, provocando o início do processo de fermentação, o que prejudica irremediavelmente a qualidade do azeite.

Uma vez no lagar, as azeitonas devem ser armazenadas em pilhas de pequena altura, em locais frescos – com temperatura inferior a 25 °C –, bem-arejados, protegidos da chuva, do vento e de geadas, e longe de áreas e elementos malcheirosos, como estábulos, óleo diesel e fumaça. Mesmo as azeitonas bem-armazenadas, porém, não podem esperar muito tempo para serem processadas, porque podem fermentar. Por essa razão, para se obter um azeite de qualidade, o ideal é que o intervalo entre a colheita e o processamento das azeitonas seja de, no máximo, 24 horas, embora as frutas colhidas em estágios mais precoces de maturação possam conservar-se por mais tempo, por terem a polpa mais consistente.

Para produzir o azeite, a primeira coisa que se faz é lavar bem as azeitonas, para retirar resíduos de terra, folhas e galhinhos maiores. A seguir, passa-se à moagem e à separação do azeite da pasta de azeitonas. Os métodos para esse processamento devem ser selecionados com grande critério, dentre os inúmeros hoje disponíveis, porque as qualidades organolépticas do produto final serão fortemente influenciadas pelo sistema utilizado para extrair o "ouro líquido".

São os seguintes os métodos de extração e produção de azeite atualmente mais usados na Itália:

- sistema descontínuo a pressão – É o método mais antigo e tradicional, que mudou muito pouco através dos séculos. Consiste em moer as azeitonas com mós de pedra – duas ou três rodas colocadas verticalmente num recipiente circular, as quais, ao girar, amassam as azeitonas e as transformam em uma pasta constituída por uma parte oleosa, uma parte aquosa e uma parte sólida, que é o bagaço. A seguir a pasta vai para um recipiente de decantação, onde fica em repouso por algum tempo, para iniciar o processo de separação da mistura e aglomerar as gotas de azeite, tornando-as maiores. Depois disso, separa-se o azeite e a água de vegetação do bagaço por meio de um sistema de pressão: a pasta é espalhada nas seiras, uma espécie de peneiras que antigamente eram feitas de fibra vegetal trançada e hoje podem ser de materiais sintéticos ou aço inoxidável. As seiras são, então, empilhadas umas sobre as outras e colocadas sob a prensa, cujo mecanismo tanto pode ser manual (nas prensas mais antigas) como hidráulico. Com a pressão, o bagaço permanece nas seiras e a mistura de água de vegetação e azeite vai para um recipiente coletor. O processo seguinte é a separação do azeite da água de vegetação, geralmente feita por centrifugação, embora alguns produtores ainda continuem usando o antigo sistema do afloramento, no qual o azeite mosto[2] é colocado em um recipiente onde o azeite e a água de vegetação, por terem densidades diferentes, se separam por decantação: o azeite vem à superfície, enquanto a água se deposita no fundo, de onde é drenada. Assim que termina sua separação da água, o azeite é opaco, de um verde-claro quase fosforescente, consistência cremosa, perfume penetrante e gosto intenso e picante. Para que perca o sabor inicial picante e amargo e adquira consistência

---

[2] Neste caso, chama-se mosto a mistura de azeite com água de vegetação que resulta da separação do bagaço.

mais líquida e um aspecto mais transparente, é preciso fazer a clarificação, quase sempre por centrifugação, e a filtragem, com algodão hidrófilo. Alguns produtores ignoram esta última operação, obtendo um azeite mais natural, que não tem o belíssimo aspecto do azeite filtrado, por ainda conter algumas impurezas em suspensão, das quais, entretanto, poderá separar-se por decantação, com o correr do tempo, de modo que o maior inconveniente do azeite não filtrado é que terá vida um pouco mais curta;

- sistema de ciclo contínuo – Criado para otimizar a qualidade e reduzir custos de mão de obra, este sistema é processado por lagares compactos, máquinas de aço inoxidável no interior das quais ocorrem, em circuito fechado, todas as fases do processo: de um lado entram as azeitonas e do outro sai o azeite, sem qualquer manipulação ou solução de continuidade. A moagem se dá por um processo mecânico de martelos, durante o qual as azeitonas são prensadas e empurradas através de uma grelha com furos. A seguir, a máquina remexe a pasta de azeitonas – azeite, água de vegetação e bagaço – e passa-a para o *decanter*, um extrator centrífugo vertical ao qual se adiciona água, para facilitar o processo. O decanter então separa os três componentes da pasta e os expele separadamente. Este sistema oferece inúmeras vantagens e propicia excelentes resultados em termos de qualidade do produto, pois não há pausas entre a moagem e a extração do azeite, e, além disso, o processamento em circuito fechado dispensa a manipulação e evita o contato com o ar, garantindo uma higiene praticamente perfeita e reduzindo o risco de oxidação;

- sistema contínuo integral de duas fases – Neste sistema, a extração ocorre em dois tempos: a moagem é feita com o moedor de martelos ou com as clássicas mós, e a extração do azeite se dá, sem necessidade de adicionar água, num decanter que, diferentemente do que é usado no sistema de ciclo contínuo, separa os componentes da massa em apenas duas fases: de um lado o azeite, e do outro, juntos, o bagaço e a água de vegetação. O emprego deste sistema reduz o consumo de água e energia e a perda de azeite na fase de descarga. Além disso, como não é feita qualquer adição de água durante o processo, o resultado final é um azeite mais encorpado e frutado, com boas qualidades organolépticas;

- lagar misto ou combinado – É a fusão do sistema tradicional com o de ciclo contínuo. A extração se inicia com as mós de granito, mas as azeitonas são centrifugadas, em lugar de serem prensadas nas seiras. Com o uso das mós obtém-se azeites mais doces, e eliminando as seiras reduz-se o risco de que o produto adquira sabor rançoso;

- sistema de percolação-centrifugação – Também chamado método Sinolea (marca registrada do equipamento empregado), é um método a ciclo contínuo, com moagem de martelo e extração por gotejamento natural a frio, baseado na diferença entre as tensões superficiais da água de vegetação e do azeite. Para melhor compreender o princípio em que se baseia o sistema, podemos fazer a seguinte experiência: em um copo contendo uma mistura de água e azeite imergimos a lâmina de uma faca de aço, que depois retiramos e deixamos gotejar sobre outro recipiente. Verificaremos, então, que as gotas conterão somente azeite, porque somente este aderiu à lâmina de aço. Assim, se tivermos a paciência necessária para repetir a operação um número suficiente de vezes, conseguiremos, pelo menos em teoria, transferir todo o azeite para o segundo recipiente, ficando no copo somente a água. No extrator Sinolea, a pasta de azeitonas é mantida em constante movimento dentro de um grande recipiente, e a função da faca em nossa experiência é desempenhada por milhares de pequenas lâminas de aço inoxidável, dispostas em pente, que entram e saem continuamente da pasta, extraindo-lhe assim o óleo, que depois goteja num recipiente de coleta. A grande vantagem deste método é que o processamento da pasta de azeitonas se faz totalmente a frio, maximizando a quantidade de antioxidantes naturais contida no azeite extravirgem. Por outro lado, o azeite obtido pelo Sinolea, à temperatura ambiente e sem acrescentar água, corresponde a apenas 30% a 70% do azeite presente na pasta, a qual deve, depois, ser prensada ou centrifugada, para extrair o óleo remanescente. Mas mesmo quando este último é misturado ao obtido na primeira extração, o produto resultante poderá ainda ser denominado como "extraído a frio", se as temperaturas dos ingredientes não passarem dos 27 °C durante o processamento.

Uma vez completamente pronto, o azeite deve ser conservado em recipientes de aço inoxidável, de vidro ou de cerâmica esmaltada, em local escuro e fresco, para que não se oxide.

Composição química do azeite de oliva

> Alá é a Luz dos céus e da terra. O exemplo de Sua Luz
> é como o de um nicho onde há uma candeia num recipiente;
> e este é como uma estrela brilhante,
> alimentada pelo azeite de uma árvore bendita,
> a oliveira, que não é oriental nem ocidental,
> cujo azeite brilha, ainda que não o toque o fogo. É luz sobre luz!
>
> *Corão, 24ª Surata, 35*

O AZEITE DE OLIVA é uma substância oleosa, untuosa ao tato, composto complexo formado por ácidos graxos, vitaminas, alguns componentes voláteis e outros hidrossolúveis, e microscópicos pedacinhos de azeitona. É obtido da polpa de azeitonas espremidas, em porcentagens que vão de 15% a 25% e, em alguns casos, chega até a 30%. A 20 °C de temperatura apresenta uma densidade de 0,910 g a 0,916 g, o que significa que 1 ℓ do produto pesa, em média, 916 g. Seu ponto de fusão vai de 5 °C a 7 °C, propriedade que permite que seja digerido com muita facilidade; sua temperatura "crítica" – aquela em que o azeite começa a se decompor pelo excesso de calor – está entre 210 °C e 220 °C, admitindo todas as formas de cozimento.

A composição química pode variar entre limites relativamente amplos de azeite para azeite, dependendo de uma vasta série de fatores, como, por exemplo, o solo, o clima, o andamento das condições meteorológicas, a variedade das azeitonas cultivadas, sua origem, o estágio de maturação na época da colheita, a exposição da oliveira ao ar e à luz solar, as condições de armazenamento e processamento durante a extração. Todos os azeites, porém, contêm basicamente dois grupos de componentes:

- os *triglicerídeos* (ácidos graxos e um álcool denominado glicerol), que representam entre 98,5% e 99,5% do total de componentes e constituem a maior reserva de energia tanto dos vegetais como dos animais; e

- os *componentes voláteis*, (hidrocarbonetos, antioxidantes e álcoois), que representam os restantes 0,5% a 1,5%, mas, apesar dessa pequena participação, são importantíssimos, por serem os que conferem ao produto as características organolépticas de sabor e perfume.

Entre os ácidos graxos[1] presentes no azeite de oliva, o principal é o ácido oleico, que é monoinsaturado e constitui mais de 80% do total de componentes do produto. Há também ácidos graxos poli-insaturados, como o ácido linoleico e o linolênico, em proporção inferior a 5%, além de cerca de 10% de ácidos graxos saturados.

É importante sublinhar que quanto mais alto o nível de insaturação de um óleo, ou seja, a porcentagem de ácidos graxos poli-insaturados presentes nele, mais instável é o produto e mais facilmente se danifica pelo calor, pela luz e por condições inadequadas de armazenagem. Isso só não acontece se o produto contiver um nível de antioxidantes suficiente para contrabalançar o excesso de insaturação. É por isso que o azeite de oliva – em que predomina o ácido oleico monoinsaturado e que contém quantidade considerável de antioxidantes – é muito mais estável do que os óleos de sementes com alto percentual de poli--insaturados quando exposto ao calor, e sua reutilização em frituras é mais acertada.

---

[1] Os ácidos graxos são formados por cadeias de átomos de carbono ligados a hidrogênio. Segundo o tipo de ligação da cadeia hidrocarbonatada, podem ser: saturados (normalmente sólidos, como a gordura vegetal hidrogenada) ou insaturados (em geral encontrados na forma líquida). Quando possuem uma única ligação dupla, são chamados monoinsaturados; quando possuem duas ou mais, denominam-se ácidos graxos poli-insaturados.

A análise química feita nos azeites de oliva para efeito de controle de qualidade avalia os três parâmetros que são fundamentais para essa finalidade:

- o *grau de acidez*, que é a quantidade de ácidos graxos livres em relação ao ácido oleico total, e não pode ser superior a 2% no azeite destinado ao consumo humano;

- o *índice de peróxidos*, pelo qual se mede o grau de oxidação do azeite e a deterioração que pode ter havido nos antioxidantes naturais, como os tocoferóis e polifenóis;

- a *absorção de ultravioleta*, que serve para detectar os componentes anormais e deve ser inferior a 0,25% em um azeite de boa qualidade.

Antigamente, a preocupação com o índice de peróxidos e a presença de oxidantes ocorria somente porque, sem eles, o azeite ficava mais sujeito à auto-oxidação que ocorre na ausência de ar. Embora não tornasse o azeite venenoso, conferia a ele um sabor rançoso e desagradável.

A partir de 1980, entretanto, muitos estudos e pesquisas revelaram que os habitantes dos países onde o azeite de oliva é usado abundantemente na dieta popular são menos sujeitos a doenças vasculares e alguns tipos de câncer, envelhecendo mais lentamente do que aqueles dos países nos quais o azeite quase não é usado. Começou-se, então, a procurar na composição do azeite a razão do fenômeno. Uma grande variedade de estudos concluiu que, entre as substâncias químicas presentes no azeite, as mais importantes para a proteção da saúde são a gordura monoinsaturada (ácido oleico) e os antioxidantes, como os fenóis e o esqualeno, além de algumas vitaminas, como a K e a E.

Assim, estudos feitos para avaliar especificamente os fenóis mostraram concentrações entre 200 mg/kg e 500 mg/kg, que são bem maiores nos azeites do tipo extravirgem. Os fenóis identificados foram o hidroxitirosol, que se verificou ser o maior responsável pela inibição da oxidação, o tirosol, o secoiridoide e o lignane, que, além de possuir um alto poder antioxidante, parece inibir o crescimento celular dos cânceres de pele, de mama, de pulmão e de intestino, embora ainda não se tenha determinado a razão por que isso ocorre. Dizem os especialistas que, se as substâncias fenólicas presentes no azeite de oliva fossem purificadas e isoladas, teriam um poder antioxidante muito maior do que qualquer dos medicamentos antioxidantes conhecidos e seriam uma ótima opção para a prevenção do envelhecimento.

Outras pesquisas demonstraram que o azeite de oliva é o óleo vegetal que contém as maiores concentrações de esqualeno, substância que parece ter um papel muito importante na proteção contra o câncer de pele, variando de 136 mg/100 g a 708 mg/100 g de azeite.

No que diz respeito às vitaminas, o azeite de oliva, como seria de se esperar, contém maior quantidade de vitaminas solúveis em gorduras, como as vitaminas A, D, E e K, do que de vitaminas solúveis em água. Por isso não se rompem com o cozimento e ficam armazenadas no fígado e na gordura corporal por longos períodos, não sendo necessário, portanto, ingeri-las com muita frequência.

O azeite de oliva e os molhos preparados com ele são a segunda fonte mais rica em vitamina K, logo depois dos vegetais verde-escuros, como o espinafre e os brócolis, que vêm em primeiro lugar. Estão também presentes a pró-vitamina A (caroteno) e diversos sais minerais.

O azeite contém também diversos *pigmentos*, cuja combinação e proporções determinam a cor do produto. Um dos pigmentos que aparece em maior quantidade é a clorofila, cuja quantidade diminui, entretanto, à medida que a fruta amadurece: é por isso que as azeitonas colhidas verdes produzem um azeite mais verde, com sabor mais "gorduroso". Se exposta à luz, a clorofila promove a formação de radicais de oxigênio, aumentando a velocidade da oxidação, mas no escuro age como antioxidante. O cultivar, o clima e o método de extração do azeite têm grande influência sobre o conteúdo de clorofila presente no produto.

Finalmente, os vários *componentes voláteis* (aldeídos, álcoois, ésteres, hidrocarbonetos, etc.), que se formam na azeitona por um processo enzimático, são os responsáveis pelo sabor e o perfume do azeite. Em geral, são característicos do cultivar, embora possa haver ligeiras variações entre os componentes de sabor de azeites provenientes de árvores de uma mesma variedade cultivadas em áreas diferentes – o que explica a importância dada ao terroir.[2] A concentração mais alta de componentes voláteis é atingida quando a azeitona chega à maturidade plena e diminui, depois, durante a armazenagem: por esta razão é recomendável processá-la o mais rapidamente possível após a colheita.

---

[2] Palavra francesa que não tem tradução exata em qualquer outro idioma e exprime a integração entre o solo e o microclima. Característica de cada lugar onde se cultiva a oliveira, confere ao produto final os atributos que o distinguem e o identificam.

Denominação, tipos de azeite, atributos e rótulos

> Como diz o padre Nicholas: "O que mais pode um homem querer além de uma oliveira, uma ilha nativa e uma mulher desse mesmo lugar?"
> *Lawrence Durrell,* Prospero's Cell

AO CONTRÁRIO dos óleos de sementes, o "ouro líquido" do Mediterrâneo não é retificado, não é transformado quimicamente e não é descolorado nem desodorizado para se tornar neutro. O azeite é um verdadeiro suco de azeitona, que mantém todos os sabores do fruto, todos os perfumes da terra e a estrutura específica de seu terroir de origem, conservando todas as substâncias nutritivas originais: são essas qualidades que lhe conferem um valor todo especial.

Entretanto, para garantir que o produto final seja, de fato, digno da denominação "azeite" e da aura que o cerca, é necessário que todas as etapas da produção obedeçam tanto aos padrões fundamentados na tradição e na tecnologia especializada como àqueles determinados por legislações específicas.

Padrões quanto à denominação

O Convênio Internacional do Azeite de Oliva de 1986 determinou que a denominação "azeite de oliva", ou simplesmente "azeite", seja dada apenas ao óleo obtido diretamente da azeitona, sem o emprego de solventes na extração, e que não contenha mistura com óleos de qualquer outra origem, nem mesmo o de bagaço de azeitona, ao qual também é vedada a denominação "azeite".

A legislação brasileira a respeito define como azeite de oliva "o óleo comestível obtido diretamente do fruto da *Olea europaea L.* (oliveira) através de processos tecnológicos adequados",[1] sem especificar nessa definição, entretanto, quais são os processos que se consideram adequados.

Características e classificação

O terroir, o tipo de cultivar, as técnicas agrícolas e de produção empregadas e até mesmo o modo de conservação imprimem ao produto final, o azeite, diversas propriedades e atributos que o caracterizam, permitindo sua classificação em diferentes tipos e subtipos.

A classificação mais comum dos azeites é feita segundo o processo de produção e a acidez expressa pelo percentual de ácido oleico, que será tanto menor quanto melhor for a qualidade do produto. Assim:

- Azeite virgem de oliva é aquele obtido do fruto da oliveira unicamente por processos mecânicos ou outros meios físicos, particularmente em condições térmicas que não levem à deterioração do azeite, e que não tenha sido submetido a outro tratamento que não a lavagem, a decantação, a centrifugação e a filtragem.

Com base no teor de acidez, distinguem-se diversos tipos de azeite virgem:

- azeite de oliva extravirgem – Aquele cuja acidez, expressa em ácido oleico, é menor que 0,8%. Para ter essa característica, somente pode ser extraído a frio, sem passar por qualquer processo térmico ou químico que altere sua composição natural. Com sabor e aroma absolutamente perfeitos, o extravirgem

---

[1] Resolução Anvisa nº 482, de 23 de setembro de 1999, Anexo 13, item 1.1.

é considerado o de mais alta qualidade entre todos os tipos de azeite. Um azeite extravirgem é designado *monovarietal* quando for elaborado com uma única variedade de azeitona, ou *coupage*, quando feito com variedades diversas, procedimento cujo objetivo é manter um padrão regular de aroma e sabor. Mas os azeites extravirgens mais apreciados e valorizados são os que podem usar uma Denominação de Origem Protegida (DOP), por serem feitos com azeitonas procedentes de alguma das diversas áreas que, por serem famosas pela qualidade do azeite que produzem, são oficialmente reconhecidas e delimitadas. Tais azeites devem, obrigatoriamente, ser elaborados e engarrafados na origem;

– azeite virgem de oliva fino – Azeite virgem cuja acidez é menor do que 2% e tem, em geral, um sabor natural frutado bastante agradável;

– azeite virgem de oliva comum ou semifino – É o que apresenta acidez entre 2% e 3,3%, obtido da mistura de azeite refinado com azeite virgem, para aperfeiçoar seu sabor;

– azeite virgem de oliva lampante ou simplesmente azeite lampante – É a classificação dos azeites virgens cuja acidez é superior a 3,3%. Em geral, esse excesso de acidez provém do emprego, na elaboração, de azeitonas doentes ou maltrabalhadas. Esse tipo de azeite não é considerado comestível, e é chamado lampante justamente porque, antes da invenção da eletricidade, era usado somente como combustível para iluminação. Atualmente, a legislação proíbe que seja destinado diretamente ao consumidor final, bem como que seja misturado ao azeite refinado ou usado, de qualquer modo, como ingrediente de gêneros alimentícios, mas permite o seu emprego para outras finalidades. Para que possa ser consumido na alimentação, o azeite lampante deve ser obrigatoriamente refinado, para que lhe seja retirada a acidez.

■ Azeite de oliva refinado é aquele obtido pelo refino do azeite virgem de oliva, sendo-lhe permitida uma acidez final de, no máximo, 0,3%, vedado o uso de processos de refinação que alterem a estrutura original do azeite. A refinação é feita geralmente em três fases, cada uma delas com o objetivo de eliminar uma característica indesejável do azeite virgem de baixa qualidade:

- a *neutralização* ou *desacidificação* elimina o excesso de ácidos e pode ser feita por destilação seletiva ou alcalinização, mas é fundamental que quaisquer produtos químicos introduzidos durante o processo possam ser eliminados por completo nas etapas posteriores do refinamento;
- a *descoloração* elimina o excesso de pigmentação pelo emprego de descolorantes naturais altamente purificados e posterior filtração;
- a *desodorização* elimina os cheiros desagradáveis e corrige o sabor por meio de um processo que consiste em misturar o azeite em estado de vapor com vapor de água ou outro gás inerte. Em seguida, resfria-se a mistura, de modo a separar o azeite, que volta ao estado líquido a uma temperatura mais alta que a água.

Se não for misturado a algum tipo de azeite virgem, o azeite refinado adquire uma cor amarelo-clara esverdeada e perde quase todo o sabor. Não pode ser vendido puro para o consumo direto, mas somente ser usado para obtenção do azeite de oliva do tipo comercial, em mistura com algum tipo de azeite virgem não lampante, ou ser empregado como matéria-prima por outras indústrias.

■ Azeite de oliva, sem qualquer outra especificação, é a denominação dada a um tipo comercial de azeite constituído pela mistura de azeite de oliva refinado com azeite de oliva virgem, extravirgem ou comum, sendo vedado o uso, nessa mistura, tanto do azeite virgem do tipo lampante como de óleos de qualquer outra origem, inclusive o de bagaço. Esse tipo de azeite tem cor mais clara do que a dos azeites virgens, perfume e sabor menos acentuados, e a máxima acidez permitida é de 1%.

Os óleos de bagaço e de caroço de azeitona

Depois que o azeite é extraído da pasta de azeitonas, ficam ainda no bagaço resíduos de óleo, os quais, entretanto, somente podem ser extraídos por meio de solventes adequados, produzindo-se assim o *óleo de bagaço de azeitona*. Processo semelhante pode ser usado para obter *óleo de caroço de azeitona*. Nenhum desses óleos, porém, deve ser confundido com os verdadeiros azeites.

Ainda assim, os óleos de bagaço e os de caroço de azeitona também são classificados de acordo com o processo de obtenção e o grau de acidez:

- óleo de bagaço bruto – É aquele que se obtém diretamente da extração com solventes e tem acidez de, no máximo, 1,5%. Nesse estado, somente pode ser usado industrialmente. Se destinado ao consumo humano, deve ser, obrigatoriamente, refinado;
- óleo de bagaço refinado – É aquele que se obtém submetendo o óleo de bagaço bruto a um processo de refinação que não modifique sua estrutura glicerídica original. Pode ter uma acidez de até 0,5% e ser usado como ingrediente na fabricação de produtos alimentícios, mas para poder ser consumido diretamente como óleo de cozinha precisa ser cortado com azeites virgens que não sejam do tipo lampante;
- óleo de bagaço – É a mistura de óleo de bagaço ou de caroço de azeitona refinado com azeite de oliva virgem (com exceção do lampante) que apresente acidez não superior a 1%.

O terroir e os atributos do azeite

A integração entre solo, o microclima e o nível de adaptação das árvores e dos cultivares, que se exprime pela palavra *terroir*, é característica de cada lugar onde se cultiva a oliveira e não pode ser reproduzida com exatidão em nenhum outro. Como existe uma estreita conexão entre o terroir e os atributos do azeite feito com as azeitonas ali produzidas, o azeite de cada terroir tem caráter e personalidade próprios, a tal ponto que seus atributos são suficientes para identificar o terroir de proveniência. Assim, pode haver muitas diferenças entre os azeites portugueses, espanhóis, italianos, gregos, franceses, argentinos, chilenos, etc. Dentro de cada país existem diferenças entre os azeites provenientes das várias regiões olivícolas, além de diferenças entre os azeites provenientes dos diversos microterroirs existentes em cada uma delas. Na grande região produtora italiana da Toscana, por exemplo, o azeite pode transformar-se completamente de uma aldeia para outra, o mesmo ocorrendo na Apúlia, uma das regiões olivícolas mais produtivas da Itália, onde os azeites de Foggia, que fica ao norte, são totalmente diferentes dos azeites de Otranto, que fica ao sul.

Além disso, os azeites das montanhas diferem dos azeites dos vales, os de colheita precoce dos de colheita tardia, os produtos de coupage dos monovarietais. Não é sem razão, portanto, que existem azeites de cores e sabores tão variados: alguns doces, untuosos, com gosto de fruta madura, como a banana; outros picantes, verdes, com gosto de maçã, de alcachofra, de tomate, de pinoli. Os perfumes podem ser de azeitonas maduras, de sub-bosque, de cogumelos, de cacau. O importante é que há um azeite para cada gosto e para cada finalidade.

Regulamentação, importância e interpretação dos rótulos

A imensa amplitude da gama de categorias qualitativas dos azeites de oliva torna de fundamental importância a rotulagem do produto, que, por essa razão, está sujeita a uma regulamentação bastante estrita.

Na União Europeia, desde 2003 estão em vigor novas normas de comercialização do azeite de oliva, editadas com o objetivo de uniformizar os procedimentos usados pelos olivicultores e exportadores de todos os países-membros. No que diz respeito especificamente à rotulagem, tais normas determinam que:

- a denominação *azeite de oliva extravirgem* somente pode ser usada no caso de azeite de oliva *de categoria superior* e de baixíssima acidez, obtido diretamente das azeitonas por meio de processos mecânicos;

- o termo *azeite de oliva virgem* seja usado somente para azeites de oliva obtidos diretamente das azeitonas por meio de processos mecânicos;

- seja usada a designação *azeite de oliva*, sem qualquer outra qualificação, para os azeites provenientes de uma mistura composta exclusivamente por azeites de oliva que passaram por processo de refinação e azeites obtidos diretamente das azeitonas;

- a designação *óleo de bagaço de oliva* (vedada, neste caso, a palavra *azeite*) seja usada para o produto que consistir na mistura do óleo refinado obtido do bagaço de azeitona, depois da extração do azeite de oliva, com azeites obtidos diretamente das azeitonas, não sendo permitido usá-la se também houver na mistura óleos de qualquer outra procedência;

- a expressão *primeira extração a frio* (em italiano, *prima spremitura a freddo*) somente pode ser usada quando o azeite virgem ou extravirgem tiver sido obtido a menos de 27 °C, da primeira prensagem, hidráulica ou manual, de pasta de azeitonas resultante de moagem tradicional (com mós de pedra), à qual não foi adicionada água;

- a expressão *primeira extração* seja usada quando o azeite foi obtido da primeira prensagem com adição de água fervente à pasta de azeitonas, para aumentar-lhe o rendimento;

- as *qualidades organolépticas* só podem aparecer no rótulo no caso dos azeites extravirgem e virgem, sendo obrigatório utilizar os termos das normas oficiais a respeito;

- o *nível de acidez* somente pode figurar no rótulo se for acompanhado do teor de peróxidos e ceras e dos dados espectrofotométricos, visto que o teor de acidez, por si só, não garante ao consumidor a qualidade do produto;

- a designação de origem nacional somente pode ser usada quando o azeite for proveniente exclusivamente de azeitonas recolhidas e transformadas no território do país indicado;

- a denominação de origem regional somente pode ser usada quando o azeite for proveniente exclusivamente de azeitonas recolhidas e transformadas no território de uma região oficialmente designada como Denominação de Origem Protegida (DOP) ou Indicação Geográfica Protegida (IGP);

- o rótulo pode, ainda, indicar se o azeite é *filtrado* ou *não filtrado*, bem como informar a *data de fabricação*.

Com uma regulamentação tão exaustiva e restritiva, seria de se esperar que os rótulos dos azeites fornecessem todas as informações que são importantes para o consumidor ao adquirir o produto, e isso realmente ocorre na maioria dos casos.

Por exemplo, se o rótulo especificar que o produto é "não filtrado", o consumidor saberá que esse azeite, embora tenha um aspecto algo opaco e contenha algumas impurezas que poderão encurtar sua vida útil, em compensação conserva todos os valores naturais em relação ao aroma, aos antioxidantes e às vitaminas. Por outro lado, se a indicação for "filtrado", o consumidor saberá que, embora mais brilhante e fluido e menos sujeito ao ranço, o azeite terá perdido alguns valores nutricionais importantes.

A data de fabricação também é informação útil para o consumidor, que deve procurar consumir o azeite nos primeiros doze meses, já que o produto não melhora com o tempo, podendo inclusive deteriorar-se, principalmente se não for conservado adequadamente, em lugar fresco, sem odores e longe da luz direta do sol.

A designação de origem nacional e as denominações de origem protegida também são bastante confiáveis, pois seu uso é fiscalizado muito de perto. Assim, se o azeite estiver designado como sendo "100% italiano" ou "Produzido na Itália" (*Prodotto in Italia*), pode-se ter razoável certeza de que as azeitonas foram cultivadas, colhidas e transformadas no território italiano.

Já a denominação do azeite como *extravirgem*, *virgem* ou simplesmente *azeite de oliva*, que deveria ser suficiente, por si só, para informar ao consumidor a composição do produto e suas principais características, pode dar margem a equívocos, mesmo quando não ocorrem fraudes e adulterações decididamente ilegais, que são relativamente fáceis de detectar. Acontece que a lei determina fazer a distinção entre os diversos tipos de azeite virgem – extravirgem, fino e comum – com base no teor de acidez, mas não proíbe corrigi-la pelo corte com azeites menos ácidos, a não ser quando o rótulo indicar que o produto é de primeira extração.

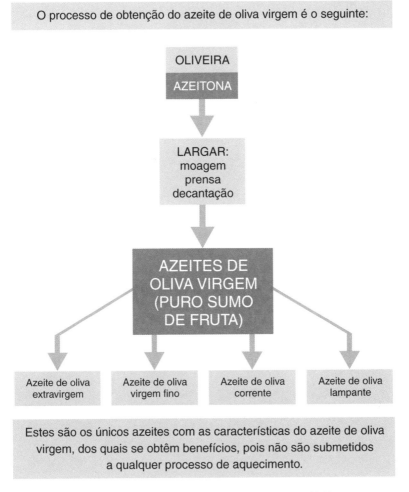

Fonte: http://www.aceitedeoliva.com/orujo.htm. Acesso em 11-7-2011.

Como é natural, o corte não causaria problema algum se fosse feito sempre com azeites extravirgens de mesma origem e qualidade superior. Infelizmente, porém, há produtores que, para cortar custos, fazem o corte com produtos de outras proveniências, muitas vezes de qualidade inferior, prejudicando a qualidade do produto final. Com esse estratagema, sem infringir a lei, o produtor pode levar o consumidor a adquirir um produto de qualidade inferior à que poderia esperar pelas informações do rótulo e sem que tal fato possa ser percebido, a não ser pela degustação, a qual, mesmo nos dias de hoje, ainda é o melhor teste da qualidade do azeite.

Análise sensorial: a degustação

> E com um ramo de oliveira o homem se purifica totalmente.
> *Virgílio*, Eneida

CADA VARIEDADE de oliveira e cada terroir resulta num azeite diferente, que também pode variar de uma colheita para outra. Nem sempre, porém, tais diferenças são detectadas apenas pela análise química, porque não basta medir o grau de acidez e o índice de peróxidos ou detectar componentes anormais para perceber as sutis variações de aspecto, perfume e sabor que conferem a cada azeite uma personalidade própria. Entretanto, são justamente essas sensações que o azeite provoca nos sentidos – suas características organolépticas – que o tornam mais ou menos, apreciável. Assim, para poder avaliar bem a qualidade de um azeite, a análise sensorial é tão importante quanto a mensuração dos parâmetros químicos.

Nos tempos mais remotos, quando ainda não se conheciam os princípios da análise química nem havia outros meios regulares para fazer o controle de qualidade do azeite, fazia-se uma análise sensorial rudimentar: o produtor simplesmente olhava, cheirava e provava o azeite, para ver se "estava bom" – o que, aliás, é o que faz até hoje o consumidor médio, para quem azeite bom é o que lhe agrada ao paladar.

Com o progresso científico, por muito tempo os produtores de azeite de oliva passaram a fazer um controle de qualidade baseado exclusivamente em análises químicas. A partir de 1987, porém, como parte dos esforços para uniformizar a produção e comercialização do produto em todos os países-membros, a então Comunidade Europeia determinou que, para avaliar a qualidade de um azeite de oliva, além da análise química, se faça também uma degustação.

Embora no sentido restrito o termo *degustação* signifique apenas avaliação pelo paladar, a degustação organoléptica dos azeites determinada pela Comunidade Europeia é uma análise sensorial completa, que inclui o aspecto visual, o olfativo, o gustativo e o tátil, e foi sistematizada por especialistas do Conselho Oleícola Internacional (COI), com a finalidade de assegurar aos degustadores um trabalho padronizado, objetivo e imparcial.

Para a degustação, serve-se o azeite em um copo de cerca de 20 ml. Como a temperatura ótima para permitir a volatilidade dos compostos aromáticos do azeite é 28 °C, nas degustações oficiais usam-se termostatos para aquecê-lo e mantê-lo nessa temperatura.

O degustador inicia a análise pelo *aspecto olfativo*. Se houver várias amostras a degustar, faz uma avaliação preliminar, para selecionar os de aroma mais delicado e degustá-los em primeiro lugar. Isso feito, aproxima do nariz o copo com a amostra selecionada e inspira profundamente, com as duas narinas, avaliando o aroma quanto à *qualidade* (agradável, com leve defeito ou desagradável), à *intensidade* (fugidio, sutil, delicado, médio, pronunciado, intenso, penetrante, delicado) e à *sensação*, em cuja descrição os degustadores usam um vocabulário especializado:

- apagado ou plano – Sensação olfativa proporcionada por um azeite cujas características organolépticas se tornaram muito tênues pela perda dos componentes aromáticos;
- azedo – Sensação aromática complexa, que lembra o aroma típico dos frutos antes da maturação;
- alcachofra – Aroma que evoca o da alcachofra;
- baunilha – Aroma característico da baunilha seca natural, em vagem ou pó, que é diferente do aroma da baunilha em extrato ou vanilina;

- camomila – Aroma que lembra o da flor de camomila;
- capim – Cheiro característico de alguns azeites, lembrando o do capim fresco recém-cortado;
- cítrico – Odor que lembra o perfume de frutos cítricos, como o limão, a laranja, a tangerina, etc;
- ervas aromáticas – Sensação olfativa de ervas aromáticas;
- eucalipto – Sensação olfativa típica do eucalipto;
- flores – Sensação olfativa complexa, que lembra o aroma de flores em geral;
- folha de figo – Sensação olfativa típica da folha do figo;
- folha de oliveira – Sensação olfativa que evoca o cheio da folha de oliveira fresca;
- fruta exótica – Sensação olfativa que lembra os odores próprios de frutas tropicais, como abacaxi, banana, maracujá, manga, mamão-papaia, etc.;
- frutado maduro – Sensação olfativa típica de azeites obtidos de azeitonas em plena maturidade;
- frutado verde – Sensação olfativa típica de azeites obtidos de azeitonas colhidas antes de amadurecer;
- frutos vermelhos – Sensação olfativa típica de frutos silvestres vermelhos: amora, framboesa, mirtilo, groselha;
- maçã – Sensação olfativa que evoca o aroma de maçãs frescas;
- noz – Sensação olfativa típica da polpa da noz;
- pimenta-verde – Aroma característico da pimenta-verde em grão;
- pimentão – Aroma que lembra o pimentão fresco, vermelho ou verde;
- pera – Sensação olfativa típica da pera fresca;
- pinoli – Sensação olfativa que lembra o odor de pinoli frescos;
- tomate – Cheiro característico da folha do tomateiro.

Concluída essa parte, se ainda estiver incerto em relação ao aspecto olfativo da amostra, o degustador aguarda alguns minutos e repete a operação, para confirmar o julgamento, que deverá ainda ser ratificado pela etapa seguinte, a *análise gustativa*.

Para a análise gustativa é tradicional que o degustador comece por "limpar" a boca comendo uma fatia de maçã verde. A seguir, coloca na boca o equivalente a uma colher de sopa do azeite ligeiramente aquecido e, sem deglutir, aspira-o, primeiro lenta e delicadamente; depois, com maior vigor, com muito ar, para oxigená-lo. Depois disso, o azeite é volteado na boca por bastante tempo, espalhando-se até entrar em contato com todas ou quase todas as papilas gustativas. Continuando, o degustador deixa o líquido repousar um pouco na boca, ainda sem deglutir, e depois, apertando os dentes, move a língua até encostá-la aos dentes superiores, e, com os lábios semiabertos, faz cinco inalações de pelo menos 20 segundos cada uma, de modo que a língua e o palato sejam completamente banhados pelo azeite misturado com ar. É nesse ponto que melhor se percebem as qualidades e defeitos do azeite, e os sabores devem ser memorizados.

Depois de cuspir o azeite, o degustador continua por algum tempo a mover a língua contra o palato para poder detectar as sensações retro-olfativas e os retrogostos, isto é, os aromas e sabores residuais que podem ser percebidos mesmo depois que o azeite foi eliminado da cavidade bucal, cuja duração, chamada persistência retro-olfativa, é um dos parâmetros para avaliar a qualidade do produto. Em caso de dúvida, depois de um minuto o degustador repete a operação.

Finalizada a degustação da primeira amostra, se houver outras para analisar é necessário fazer um intervalo de alguns minutos e "limpar" novamente a boca com uma fatia de maçã verde e um gole de água.

Também para as sensações gustativas existe um vocabulário especializado, dividido entre as que são consideradas *positivas* e as *negativas*.

As sensações gustativas positivas são:

- amargo – Sabor característico do azeite extraído de azeitonas verdes ou que começaram a amadurecer. Pode ser mais ou menos agradável, conforme o grau de maturidade das azeitonas;

- amendoado – Sabor semelhante ao gosto típico da amêndoa fresca ou ao da amêndoa seca e sadia; ocorre principalmente nos azeites doces;
- doce – Sabor suave e agradável, característico do azeite obtido de azeitonas que chegaram à completa maturação;
- grama – Gosto herbáceo característico de alguns azeites;
- picante – Sensação pungente característica de azeites produzidos no início da estação, com azeitonas ainda totalmente verdes;
- umami – Sabor sentido em alimentos como carnes, legumes e peixes proveniente do glutamato monossódico, um aminoácido que compõe a proteína desses alimentos. A palavra é de origem nipônica e foi denominada por cientistas japoneses, responsáveis pelos estudos que deram origem a esse sabor.

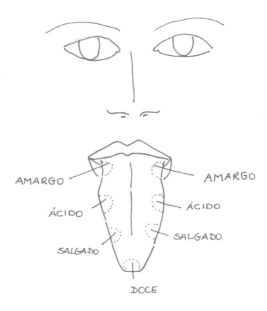

Os sabores considerados *atributos negativos* podem ter três tipos de origem: defeitos das azeitonas (malcultivadas, malcolhidas ou mal-armazenadas), técnicas de extração inadequadas ou má conservação do próprio azeite.

São atributos gustativos negativos originados por defeitos das azeitonas:

- feno – Sabor que lembra o de grama seca, característico de azeites provenientes de azeitonas secas;

- grosseiro – Sabor complexo, característico de azeites que provocam uma sensação tátil excessivamente densa e pastosa;

- mofo – Sabor dos azeites produzidos com frutos que, por terem caído ao chão antes da colheita ou terem ficado armazenados por muito tempo em locais úmidos, foram atacados por fungos e leveduras;

- salmoura – Sabor dos azeites extraídos de azeitonas conservadas em soluções salgadas;

- sabão – Sensação olfato-gustativa que lembra sabão;

- terra – Gosto de azeites obtidos de azeitonas colhidas com terra ou barro e mal lavadas. É comum esse sabor ocorrer com o do mofo;

- verme – Sabor desagradável característico de azeites extraídos de azeitonas fortemente atacadas por larvas da mosca-da--oliveira.

São atributos negativos causados por falhas na técnica de extração:

- água de vegetação – Gosto provocado por decantação malfeita e/ou prolongado contato com a água de vegetação;

- avinhado-avinagrado – Sabor que lembra o de vinho ou vinagre, e ocorre por causa da presença de ácido acético em quantidade superior à que é normal no azeite;

- bagaço – Sabor que lembra o do bagaço de azeitona, que pode resultar de um excesso de resíduos de bagaço após a separação do azeite;

- cozido ou supercozido – Gosto causado por aquecimento excessivo ou prolongado durante o processo de obtenção;

- esparto[1] – Gosto proveniente de azeitonas prensadas em seiras novas, feitas de esparto. O gosto varia, dependendo de o esparto ser verde ou seco;

- graxa – Odor causado por limpeza inadequada do maquinário usado na produção do azeite;

- seira – Gosto do azeite procedente de azeitonas prensadas em seiras que contêm resíduos fermentados.

Os sabores desagradáveis causados por má conservação do azeite são:

- borra – Sabor característico dos azeites recuperados das borras decantadas nos depósitos e prensas;

- rançoso – Comum a todos os azeites que tenham sofrido oxidação por terem sido expostos ao ar por tempo prolongado;

- velho – Gosto dos azeites que permanecem tempo demais nos recipientes de armazenamento ou na garrafa.

Há também sensações gustativas que, mesmo sem serem defeitos propriamente ditos, prejudicam a qualidade do produto:

- áspero – Sensação de adstringência provocada por alguns azeites;

- folhas verdes – Gosto do azeite produzido com azeitonas muito verdes ou que tenham sido moídas com folhas verdes; ocorre em alguns azeites amargos.

Enquanto o azeite ainda está na boca do degustador, ele analisa também as *sensações táteis* relacionadas com a consistência do produto, para cuja descrição também se vale de termos de seu vocabulário especializado:

- aquoso – Diz-se do azeite ralo, de baixíssima densidade;

- fluido – Termo que se usa para comparar os diferentes níveis de densidade do azeite, sendo os menos densos considerados "mais fluidos";

- pastoso – Sensação tátil característica dos azeites mais espessos;

- suave – Sensação tátil característica dos azeites de densidade média.

---

[1] Fibra vegetal muito utilizada na Europa para a fabricação de cestas.

Somente após ter avaliado as outras características do produto, o degustador se voltará para os *aspectos visuais*, porque estes, na verdade, não têm grande peso na determinação da qualidade de um azeite. Por essa razão, nas degustações oficiais são usados copos coloridos, com cores que vão do âmbar ao azul-cobalto, de modo que as características visuais fiquem mascaradas e não influenciem o julgamento do degustador.

Para a análise visual são observadas três características: a *cor*, a *limpidez* e a *densidade* – sendo esta última também um aspecto tátil avaliado, pelo menos em parte, durante a degustação propriamente dita.

As nuanças de cor do azeite, que vão do amarelo-claro ao verde muito intenso, devem-se à variedade da azeitona, ao seu grau de maturação à época da colheita e às técnicas de extração.

A cor de um azeite de boa qualidade deve ser: verde-musgo, verde-folha, verde-oliva, amarelo-ouro, amarelo-ouro com reflexos verdes, amarelo-ouro carregado, amarelo-ouro pálido ou amarelo-palha. O azeite proveniente de azeitonas ainda não amadurecidas terá cor verde muito intensa, ao contrário daquele feito com azeitonas maduras demais, que tenderá ao amarelo. Entretanto, quando o verde for pronunciado demais, o azeite se torna suspeito, pois pode ter sido moído com folhas verdes.

As cores ocre, cobre ou marrom-amarelado muito desbotado são consideradas defeitos, por indicarem, normalmente, que o azeite está muito velho ou oxidado.

A *limpidez* deve ser avaliada com bastante critério. Em geral, considera-se positivamente o aspecto límpido, opalescente ou velado, e negativamente o aspecto turvo ou escuro, que os azeites podem adquirir em função da idade ou da falta de filtração adequada. Entretanto, embora depósitos excessivos indiquem falta de cuidado durante o processamento e possam prejudicar a qualidade do produto, além de reduzir-lhe consideravelmente a vida útil, há azeites não filtrados de boa qualidade, nos quais os elementos em suspensão são naturais, e não apenas não comprometem a qualidade do produto como asseguram que mantenha integralmente certos elementos nutricionais importantes, como anti-oxidantes e vitaminas.

Para avaliar a *densidade* do azeite durante a análise visual, o recipiente que o contém é colocado contra a luz e agitado, o que permite observar o grau de fluidez do produto.

A densidade depende, em grande parte, da origem territorial do azeite. Na Ligúria, por exemplo, os azeites são, quase sempre, muito fluidos. Por outro lado, há azeites toscanos tão densos quanto um creme de verduras. Mas a densidade, por si só, não dá qualquer indicação sobre a qualidade do azeite. Na verdade, pode-se afirmar com segurança que a consistência de um bom azeite pode variar entre o muito denso e o muito fluido, passando pelo denso, o semidenso e o fluido, sem que isso prejudique, de maneira alguma, a qualidade do produto.

Finalmente, terminada a degustação organoléptica, o degustador emite um juízo em função do equilíbrio que encontrou entre os aromas e sabores do produto, qualificando os azeites como:

- azeites frutados: os que apresentam as características mais próximas ao cultivar de azeitona de que procedem;
- azeites harmônicos: os que apresentam maior equilíbrio entre aromas e sabores;
- azeites desequilibrados: aqueles em que algum defeito, como aroma ou sabor, sobressai de modo significativo.

A degustação ao alcance de todos

Qualquer pessoa pode degustar um azeite de oliva e reconhecer sua qualidade e proveniência. Para isso, basta que obedeça à sequência apropriada de operações e preste atenção às sensações que lhe são transmitidas pelos sentidos. Por esse motivo, uma das primeiras recomendações que se faz a um degustador iniciante é a de que não tenha pressa em expelir o azeite, mas fique calmo, procurando memorizar o maior número possível de sensações.

Se você quiser provar seus azeites com uma técnica adequada, faça o seguinte:

1. antes de começar, prepare algumas fatias de maçã verde, que vão servir para limpar a boca antes da degustação de cada amostra;

2. faça a degustação pela manhã, de preferência antes da primeira refeição, ou pelo menos uma hora depois de ingerir qualquer tipo de alimento, porque nossa sensibilidade olfato-gustativa está mais aguçada antes das refeições, diminuindo bastante depois delas;

3. se você é fumante, espere pelo menos uma hora depois de ter fumado um cigarro para começar a degustação. Recomenda-se também evitar, na ocasião, o uso de perfumes, loções, sabonetes ou cosméticos com odor persistente;

4. escolha, para fazer a degustação, um ambiente não muito quente nem muito frio, com luz natural e sem odores;

5. sente-se em posição confortável e, se quiser degustar mais de uma amostra de azeite, faça uma avaliação preliminar dos odores, para degustar primeiro o de perfume mais delicado;

6. coloque uma amostra do primeiro azeite a degustar num copo de mais ou menos 20 ml e mantenha-o nas mãos, coberto, por alguns minutos, para aquecer o azeite a uma temperatura próxima da temperatura ótima para degustação (28 °C);

7. "limpe" as papilas gustativas comendo uma fatia de maçã verde, mastigando-a bem. Depois, lave a boca com um gole de água;

8. siga com muita atenção (e na ordem certa) todos os passos e procedimentos explicados no item anterior sobre a técnica das degustações oficiais. Não tenha pressa! Procure memorizar bem todas as sensações que perceber;

9. se não conseguir perceber satisfatoriamente todas as nuanças de aroma e sabor, ou estiver em dúvida, espere alguns minutos e repita os itens 7 e 8;

10. compare as sensações que sentiu com as que são descritas nas listas de vocabulário especializado, para poder descrevê-las

usando os termos apropriados. Durante as primeiras degustações, é muito importante familiarizar-se com o vocabulário dos especialistas, as qualidades e os defeitos que constituem os rudimentos do aprendizado.

O azeite na saúde e na dieta mediterrânea

> Uma dieta rica em azeite de oliva é mais efetiva que uma dieta
> com baixas calorias no controle e tratamento da obesidade.
> Além do mais, leva a uma perda de peso duradoura
> e é mais fácil de manter porque é gostoso.
> *Frank Sacks, Harvard School of Public Health*

Desde a mais remota Antiguidade os povos do Mediterrâneo sempre usaram o azeite de oliva como remédio para a cura dos mais variados males. Embora mais tarde, por muitos séculos, o "progresso" da medicina tenha relegado esse emprego do azeite à condição de "crendice", a prática continuou a ser mantida pela tradição popular em muitos lugares.

Na segunda metade do século XX, porém, uma pesquisa pioneira descobriu – e demonstrou – que o consumo regular do produto na dieta alimentar ajuda a prevenir doenças cardíacas e retarda o envelhecimento, entre outras razões porque seu alto teor de ácidos monoinsaturados ajuda a reduzir o colesterol. A partir daí, os pesquisadores das áreas de saúde vêm pesquisando o assunto, identificando um grande número de benefícios do azeite de oliva em relação à saúde, entre os quais citamos:

- diminui os maiores fatores de risco para doenças cardiovasculares, pois:
  - previne contra a obesidade e o acúmulo de gordura na corrente sanguínea;

- reduz a pressão sanguínea;
- diminui o risco de formação de coágulos na corrente sanguínea;
- reduz o estresse inflamatório e oxidativo;
- beneficia as funções endoteliais;

- ajuda a proteger contra o declínio de funções cognitivas relacionadas à idade e à doença de Alzheimer. Há estudos, inclusive, que sugerem que o uso continuado do azeite pode produzir melhoras;

- tem efeitos positivos na prevenção e no tratamento de diversos tipos de câncer, em especial os de cólon, de mama, de próstata e de pele;

- é benéfico no controle do diabetes, por reduzir os níveis de glicose e do "mau" colesterol e, consequentemente, a necessidade de insulina, além de favorecer o funcionamento do pâncreas;

- melhora o funcionamento do sistema digestivo, ajudando na prevenção e no tratamento de gastrites, úlceras e prisão de ventre;

- beneficia as funções hepáticas, favorece o fluxo biliar, estimula a vesícula e previne a formação de cálculos;

- favorece a absorção de cálcio e a manutenção dos níveis de mineralização dos ossos, estimulando o crescimento e prevenindo a osteoporose;

- estimula as diversas funções metabólicas por contribuir para a síntese das prostaglandinas;[1]

- tem efeito tônico, protetor e cicatrizante sobre a pele; retarda o aparecimento de rugas e outros sinais de envelhecimento; pode ser aplicado diretamente no tratamento de eczemas, ferimentos e queimaduras;

---

[1] Moléculas lipossolúveis estruturalmente relacionadas, de função reguladora das diversas vias metabólicas.

- contém componentes de efeito analgésico e anti-inflamatório. De fato, no Monnel Chemical Senses Center, Estados Unidos, recentemente foi descoberta uma nova substância que o azeite de oliva contém, o oleocantal, que apresenta o mesmo tipo de ação anti-inflamatória que a aspirina ou o ibuprofeno;
- é particularmente adequado à alimentação infantil, por ser de fácil digestão e por favorecer a formação de hábitos alimentares saudáveis.

A lista de benefícios trazidos à saúde pelo azeite de oliva tende a aumentar sempre, pois novos resultados de pesquisas são publicados com bastante frequência.

Remédios tradicionais feitos com azeite

Por centenas de anos, o azeite exerceu papel importante nos "remédios da vovó", preparados da medicina popular cujas virtudes aquela considerada "oficial" atualmente redescobre.

Por exemplo, os camponeses da Toscana até hoje usam o azeite para reduzir as irritações produzidas por urtigas, curar machucaduras e, aquecendo-o ligeiramente, para aliviar a dor de ouvido. Antigamente o aplicavam também em usos menos ortodoxos, como "curar" o medo e evitar o mau-olhado. Na Idade Média, o melhor lenitivo para o traseiro dos cavaleiros novatos, após longas cavalgadas, era massagear as partes doloridas com uma mistura de azeite de oliva, sebo e vinho. Seus poderes como isolante contra o frio eram usados, desde tempos bem remotos, por mães de crianças de colo, que, nos invernos muito rigorosos, untavam com ele o rosto, os braços e as pernas dos bebês, para aquecê-los.

Há muitos outros exemplos interessantes de remédios preparados com azeite que servem para prevenir e curar as mais variadas doenças. É importantíssimo ressaltar, porém, que, para que sejam mais eficazes, deve-se sempre usar somente azeite extravirgem de boa qualidade.

Para tratar bronquites e resfriados:

Macerar vários dentes de alho com azeite de oliva e tomar a mistura por via oral. Essa mistura também pode ser aplicada como linimento, em fricções no peito.

Contra cálculos biliares (pedras na vesícula):

Tomar diariamente, em jejum, 1 colher de azeite com suco de limão.

Contra ciática:

Preparar um cataplasma e deixar macerar, durante 2 dias, 200 g de fubá, 200 g de figos secos triturados e 20 g de mostarda em pó em 400 g de aguardente. Quando os componentes estiverem bem embebidos no álcool, formando uma pasta, untar a pele no lugar dolorido com azeite e aplicar o cataplasma, deixando-o agir por 2 a 3 horas.

Para retirar a crosta láctea dos recém-nascidos:

Massagear delicadamente a área afetada com azeite de oliva.

Para aliviar dores de ouvido:

Fritar 1 dente de alho em pouco azeite. Deixar amornar e pingar no ouvido afetado. Pode-se também usar apenas o azeite, ligeiramente aquecido.

Para aliviar dores musculares e nevralgias:

Massagear a área dolorida com azeite, puro ou com um pouco de cânfora dissolvida.

Para retardar os efeitos do álcool e evitar a ressaca:

Preparar o estômago com 1 colher de sopa de azeite de oliva antes de começar a beber (quando for sair para uma festa, por exemplo). Isso impermeabilizará o estômago e reduzirá a velocidade com que o álcool penetra na corrente sanguínea, retardando e reduzindo seus efeitos.

- **Para auxiliar na cicatrização de ferimentos e irritações da pele:**

Aplicar sobre a área afetada, diversas vezes por dia, azeite de oliva puro ou preparado como unguento, semelhante ao recomendado para hemorragias.

- **Para curar frieiras:**

Aplicar azeite diretamente sobre toda a área afetada pelas frieiras.

- **Para estancar hemorragias:**

Aplicar sobre o ferimento um unguento preparado com um pouco de arruda[2] seca e moída, que se mistura a uma quantidade de azeite suficiente para permitir que seja espalhado uniformemente. A hemorragia cessa e a ferida cicatriza rapidamente.

- **Para reduzir inchaços:**

Amassar 1 dente de alho sobre um chumaço de algodão ou pedaço de gaze. Untar a parte inchada com azeite de oliva e depois aplicar sobre ela a gaze ou algodão com alho, cobrindo-a com outro pedaço de gaze. Deixar no local até que o inchaço diminua.

- **Para aliviar a prisão de ventre, há três variações de remédios:**

1. Tomar 1 ou 2 colheres de sopa de azeite em jejum, com ou sem limão. É um laxante que não irrita o intestino nem contrai excessivamente a vesícula;
2. Misturar 1 colher de sopa de azeite a 1 xícara de chá de camomila e beber em jejum;
3. Fazer um cataplasma com espinafre cru bem amassado e azeite e aplicar sobre o ventre. Esse tratamento também dá bom resultado para outros males do aparelho digestivo.

---

[2] *Ruta graveolens*, planta da família das rutáceas, erva aromática e medicinal comum na Europa meridional.

- **PARA ALIVIAR OS SINTOMAS DA PSORÍASE:**

  Massagear delicadamente a área afetada com azeite. Já ficou comprovado que isso atenua as manchas e a descamação causadas pela doença.

- **PARA CURAR O REUMATISMO:**

  Preparar um caldo quente com algumas folhas de couve, 1 cebola, 1 cenoura e 1 dente de alho em cerca de 2 ℓ de água. Coar, acrescentar o suco de 1 limão e 1 colher de sopa de azeite e tomar 1 xícara de hora em hora.

- **PARA SE LIVRAR DO TABAGISMO:**

  Tomar diariamente, em jejum, 5 gotas de azeite, de preferência em uma colherinha de prata, para não afetar a acidez do produto. Isso deve eliminar, aos poucos, a necessidade de nicotina.

Nas regiões olivícolas também se preparam remédios com as folhas de oliveira, porque aumentam as defesas do sistema imunológico e funcionam como antibiótico natural, que repele um amplo espectro de micro-organismos e ajuda a combater tanto viroses como algumas infecções bacterianas.

Loções e unguentos preparados com folhas de oliveira são usados para tratar furúnculos, erupções, feridas, contusões e outros problemas da epiderme.

Para tratar o resfriado comum, a gripe, a tosse e a fadiga crônica, usa-se o chá de folhas de oliveira. Como elas são bastante resistentes, é preferível prepará-las em decocção, isto é, fervê-las em água: colocam-se 12 folhas de oliveira frescas em 375 ml de água fervente e deixa-se ferver por mais 15 minutos. Filtra-se e toma-se morno, pela manhã e à noite, adoçando de preferência com mel. Esse chá também tem efeito diurético – reduz a taxa de ácido úrico do sangue – e antitérmico – baixa a febre.

No entanto, apesar dos bons resultados dos remédios à base de azeite e das próprias folhas da oliveira, em nenhuma outra área é mais verdadeiro do que na saúde o famoso ditado "é melhor prevenir do que remediar".

E é na prevenção de muitas doenças que o azeite de oliva tem se mostrado mais eficaz, quando usado na alimentação de maneira regular.

A dieta mediterrânea

Há 2.500 anos, Hipócrates,[3] o pai da medicina, recomendava: "Se você puder curar o paciente com a alimentação, deixe os remédios de lado." Fica claro, portanto, que a ideia de que os alimentos desempenham papel importantíssimo na manutenção da saúde não é exatamente uma novidade.

Um estudo publicado nos anos 1970 pelo professor Ancel Keys,[4] intitulado *Como alimentar-se bem e sentir-se bem à maneira mediterrânea* (*How to Eat Well and Stay Well: the Mediterranean Way*) popularizou a expressão "dieta mediterrânea". Por quase vinte anos o professor Keys, com uma equipe de especialistas, estudou a dieta, o estilo de vida e a incidência de doenças cardíacas em sete diferentes países: Itália, Grécia e suas ilhas, a então Iugoslávia, Holanda, Finlândia, Japão e Estados Unidos. Com a análise dos dados obtidos, ficou evidente que, nas regiões mediterrânea e asiática, onde a alimentação consistia em boa quantidade de vegetais, grãos, frutas, feijão e peixe, as doenças coronárias eram raras. Por outro lado, em países como Estados Unidos e Finlândia, onde as pessoas enchiam os pratos de carne vermelha, queijos e outros alimentos que contêm muitas gorduras saturadas, a incidência de problemas cardiovasculares era alta.

Na época, acreditava-se que qualquer tipo de gordura era prejudicial à saúde. Por essa razão, uma das surpresas do professor Keys foi que os cretenses, para quem as gorduras representavam até 40% do total de calorias ingeridas, tinham a menor taxa de enfermidades cardíacas e uma das maiores médias de expectativa de vida do mundo. Observando, então, que na dieta cretense a maior parte das gorduras provinha de azeite de oliva e de peixes, ricos em gorduras insaturadas, ele levantou a hipótese,

---

[3] Médico grego (*c.* 460-*c.* 370 a.C).
[4] Diretor do Laboratório de Higiene Fisiológica da Escola de Saúde Pública da Universidade de Minnesota, Estados Unidos.

comprovada posteriormente, de que estas trazem benefícios à saúde, que, por outro lado, pode ser prejudicada pelo consumo excessivo de gorduras saturadas, principalmente as de origem animal.

À luz do que se sabe hoje, tudo isso parece bastante óbvio. Mas, na época em que foi publicado, o estudo do professor Keys causou uma verdadeira revolução, pois até então acreditava-se que uma refeição seria tão mais completa quanto mais rica fosse em proteínas e gorduras.

O professor Keys também observou que, depois de Creta, seguida do restante da Grécia, as regiões com menor índice de doenças cardiovasculares e maior taxa de longevidade eram o Centro-Sul da Itália, o Sul da Espanha e o Sul da França, áreas banhadas pelo Mediterrâneo e cujas populações têm hábitos alimentares semelhantes. Todas usam, em maior ou menor quantidade, trigo e outros cereais, grãos, verduras, feijões e outras leguminosas, como lentilhas e grão-de-bico, alho e ervas frescas nos temperos, frutas, peixes, carne e queijos, geralmente de cabrito ou carneiro. Os principais elementos comuns a todas são principalmente as azeitonas e o azeite de oliva, além do hábito de beber vinho, moderadamente, em todas as refeições. Em resumo, uma dieta simples, baseada nos produtos da agricultura bem desenvolvida, pesca abundante e modesta pecuária da região, cujo clima é bem mais ameno do que o do resto da Europa.

Em vista disso, o pesquisador concluiu que eram esses hábitos alimentares, denominados por ele de *Dieta mediterrânea*, que propiciavam aos povos da região uma vida mais longa e saudável, e passou a divulgá-la então em seu famoso livro. O bom resultado da dieta foi comprovado diretamente pelo próprio professor Keys, que morreu com quase 101 anos, em novembro de 2004.

Com o passar dos anos e a realização de um número cada vez maior de estudos que comprovam seus benefícios, a dieta mediterrânea é hoje o grande modelo da alimentação saudável, em que se baseiam praticamente todas as dietas e recomendações dos nutricionistas.

É bom lembrar que os povos mediterrâneos não adotaram sua famosíssima dieta por conhecerem seus benefícios, nem mesmo por gostarem mais ou menos dos alimentos que a compõem. Na verdade, a adoção da dieta teve uma origem puramente geográfica e, consequentemente, econômica. O povo comia aquilo a que tinha acesso fácil e que era relativamente barato. O clima e o relevo da região nunca favoreceram a criação de gado bovino. Então, em lugar da carne bovina, o povo usava aquelas que eram mais fáceis de obter: peixe, aves, carnes de caça, carneiros e cabritos. Pela mesma razão, a maior parte de seus queijos são feitos com leite de cabra, que apresenta menor índice de colesterol do que aqueles feitos com leite de vaca, e o azeite de oliva, abundantíssimo e relativamente barato nessa região cheia de olivais, é muito mais usado do que a manteiga, mais escassa, mas também muito menos saudável, por conter maior quantidade de gorduras saturadas. E o hábito de beber vinho, que hoje é recomendado por reduzir o colesterol, veio simplesmente da abundância de vinhos, de um lado, e da escassez de água potável confiável, de outro.

A pirâmide que resume as principais características da dieta mediterrânea indica as proporções e frequências ótimas de consumo na dieta sadia e equilibrada de um adulto saudável. Os alimentos mais próximos à base são os que devem ser consumidos em maior proporção e com maior frequência.

O pão, o macarrão e o arroz são alimentos de grandes fontes de carboidratos, o nutriente que o corpo usa como fonte de energia, e também contêm vitaminas do grupo B e ferro. Devem constituir 60% das refeições diárias.

Os legumes e as verduras, as frutas, os feijões e outras leguminosas e as frutas secas. Os legumes e verduras são importantes porque contêm vitaminas e sais minerais: as cenouras são boa fonte de vitamina A, e os tomates e couves-flores, de vitamina C. As verduras verde-escuras, como o espinafre e os brócolis, são importantes porque contêm magnésio, mineral de que o organismo necessita para o coração e para os ossos, além de serem a maior fonte natural de vitamina K. As frutas também fornecem grande quantidade de vitaminas – como, por exemplo, a C, presente em laranjas, melancias, morangos, etc. –, e, além disso, contêm carboidratos e fibras. Os feijões e as frutas secas são fontes importantes de proteínas vegetais e fibras, estas últimas fundamentais para garantir uma boa digestão e facilitar o funcionamento do intestino. Na medida do possível, devem ser utilizados os produtos da estação, cozendo-se os vegetais al dente, para que não percam seu sabor e qualidades nutritivas.

No quarto nível da pirâmide ficam os laticínios que são importantes para a saúde e constituem a melhor maneira de obter cálcio, potássio e proteínas.

No quinto ficam o azeite de oliva, o peixe e o vinho (com moderação). O azeite deve ser usado como a principal fonte de gorduras, pelos inúmeros benefícios que traz e pelas vantagens que apresenta em relação às gorduras de outras origens, sendo o mais indicado para frituras, por ser muito estável a altas temperaturas, além de ser de fácil digestão. O vinho, principalmente o tinto, é particularmente rico em flavonoides, antioxidantes que inibem a oxidação do mau colesterol. Recomenda-se que seja bebido diariamente, de preferência às refeições. Mas a dieta mediterrânea inclui diversos outros alimentos ricos em flavonoides, como o próprio azeite de oliva, as maçãs e a cebola.

Deve-se consumir diariamente uma proporção adequada de alimentos de cada um dos grupos incluídos nesses quatro níveis mais baixos da pirâmide. Entretanto, é importante observar que, como cada grupo contém diferentes elementos nutricionais importantes, não se pode substituir alimentos de um grupo pelos de outro, mesmo que ambos estejam no mesmo nível.

No sexto nível estão os alimentos que devem ser consumidos pelo menos uma ou duas vezes por semana. As carnes brancas – frango, peru e outras – constituem dois grupos separados e devem ser consumidos em maior quantidade do que os ovos, outra fonte de proteína animal que está no sexto nível. Esses alimentos fornecem ao organismo ferro e zinco, além das proteínas, cuja participação total na dieta deve ficar entre 10% e 12%, aí incluídas as proteínas de todas as origens: carnes brancas, feijões e outras leguminosas, laticínios pouco gordurosos, carnes vermelhas, frios e laticínios gordurosos. Estes três últimos grupos devem ser consumidos em quantidades menores, por conterem altos níveis de gorduras saturadas.

No sétimo nível estão os doces (tortas e biscoitos), importantes por serem fontes de carboidratos simples e fornecerem energia ao organismo com muita rapidez. Como, entretanto, fornecem muitas calorias, e em geral não são muito ricos em nutrientes, devem ser consumidos em pequena quantidade.

Finalmente, no topo da pirâmide fica a carne vermelha, que, pelo menos em teoria, não deveria comparecer no menu mais do que uma vez por mês, porque, apesar de rica em proteínas, em geral contém um nível muito alto de gorduras saturadas.

Alguns estudiosos recomendam excluir totalmente da dieta mediterrânea os ácidos graxos trans, presentes em gorduras industrializadas, como a margarina e a gordura vegetal hidrogenada, porque estes, consumidos em excesso, podem elevar o nível de colesterol no sangue ainda mais do que os ácidos graxos saturados.

Em resumo, para adotar a dieta mediterrânea é preciso:

1. comer todos os dias uma boa quantidade de alimentos de origem vegetal: pão, cereais, batatas, feijões,verduras e legumes, frutas frescas e secas;

2. preferir verduras, legumes e frutas frescos, que conservam melhor as características naturais do que os em conserva ou congelados;

3. preferir frutas frescas como sobremesa diária. Os doces, principalmente os industrializados, somente devem ser comidos três ou quatro vezes por semana, em quantidade moderada;

4. usar azeite de oliva como gordura principal, tanto para cozinhar como para temperar;[5]

5. leite, iogurte e queijos com pouca gordura devem fazer parte da alimentação diária, em quantidade moderada, para suprir a necessidade de cálcio;

6. comer peixes de três a quatro vezes por semana; carnes brancas (frango, peru, etc.), de duas a três vezes; ovos, no máximo duas vezes; carnes vermelhas e frios somente devem ser consumidos pouquíssimas vezes por mês;

7. temperar os alimentos com alho, cebola, vinagre, limão, ervas aromáticas e *pouco* sal;

8. beber um cálice de vinho às refeições, diariamente; evitar o fumo e as outras bebidas alcoólicas;

9. beber pelo menos 2 ℓ (6 copos) de água por dia;

10. fazer caminhadas ou outros exercícios moderados todos os dias, regularmente, e dormir de 7 a 8 horas por noite.

Seguindo essas recomendações, você terá um programa de vida sadio e uma alimentação:

- baixa em gorduras saturadas (carnes vermelhas);
- alta em gorduras monoinsaturadas (azeite de oliva);
- balanceada em ácidos graxos poli-insaturados (ômega-6 e ômega-3);
- baixa em proteínas animais;

---

[5] O total das gorduras ingeridas deve fornecer entre 25% e 30% do total de calorias, e as gorduras saturadas não devem representar mais do que 7% ou 8%.

- rica em antioxidantes (frutas, frutos secos, verduras e legumes, feijões e leguminosas);
- rica em fibras (frutas, verduras, feijões e leguminosas e cereais).

Você estará, portanto, aumentando muito as suas chances de uma vida longa e saudável.

Mas a grande popularidade que goza hoje a dieta mediterrânea não se deve somente a seus excelentes efeitos sobre tantos aspectos da saúde. Sua maior vantagem é ser uma dieta prática e fácil de adotar, com aspectos familiares para a maioria das pessoas do mundo ocidental, além de ser composta por produtos que, hoje em dia, são encontrados com facilidade em praticamente qualquer lugar. Sem esquecer, é claro, que os alimentos dos níveis mais baixos da pirâmide, que devem ser consumidos em maior quantidade e com maior frequência, são em geral mais baratos do que os dos níveis mais altos. É verdade que o azeite de oliva virgem é uma exceção a essa regra. Entretanto, os benefícios que traz compensam abundantemente, sem qualquer dúvida, seu preço um pouco mais elevado do que o dos demais óleos.

O azeite na gastronomia

> De todos os presentes do céu ao homem,
> a oliveira é certamente a mais preciosa.
> *Thomas Jefferson, em viagem em 1787,*
> *pelo Norte da Itália e Sul da França.*

Os GRANDES CHEFS de hoje tendem a selecionar o tipo de azeite de oliva mais apropriado para cada receita que elaboram, do mesmo modo que é costume escolher cuidadosamente os tipos de vinho que devem acompanhar cada prato nas mesas refinadas. A bem da verdade, é ainda mais importante conhecer e selecionar as propriedades do azeite, porque este integra o sabor dos pratos, enquanto o vinho apenas os acompanha.

A escolha do melhor tipo de azeite a ser utilizado vai depender do tipo de alimento, de sua estrutura e da duração do cozimento.

Ao contrário do vinho, o azeite de oliva não melhora com o tempo. Por isso deve ser consumido, de preferência, no mesmo ano em que foi produzido. Dependendo da variedade, um azeite bem conservado – longe da luz direta do sol e do calor, em recipiente bem fechado, à temperatura aproximada de 18 °C – pode durar até dezoito meses sem perder suas características organolépticas.

Cozinhar em fogo alto não muda as propriedades básicas do azeite de oliva, mas faz com que perca um pouco de seu sabor. Por essa razão, em pratos crus ou para adicionar a pratos cozidos pouco antes de servi-los, é melhor usar o azeite de oliva extravirgem: utilize este tipo de azeite para temperar saladas ou em molhos; adicione-o à marinada da carne (que ficará bem mais saborosa, porque o azeite de oliva facilita a absorção das especiarias e ervas aromáticas); borrife-o sobre fatias de pão ou em sanduíches abertos; ou acrescente-o ao purê de batatas em lugar da manteiga.

Em pratos de sabor mais acentuado, é melhor utilizar um azeite com perfume e gosto intensos, que contenha até mesmo uma nuança picante. Por outro lado, pratos de paladar delicado, como, por exemplo, peixes cozidos sem tempero, pedem o uso de azeites levemente frutados.

Em maioneses, recomenda-se o uso de um azeite de oliva extravirgem da Ligúria, enquanto nas bruschette são mais adequados os da Toscana.

As carnes grelhadas ganham um toque sofisticado quando temperadas, depois de cozidas, com um fiapo de um bom azeite da Apúlia. Quando se destina à churrasqueira, a carne pode ser untada com um pouco de azeite antes de ir ao fogo, para melhor conservar seus sucos naturais.

Os azeites de personalidade acentuada são os mais adequados para peixes grelhados.

Nas saladas, o melhor é usar azeites sicilianos, mais perfumados. As saladas de folhas verdes devem ser temperadas primeiro com azeite de oliva e sal, e somente depois com o vinagre ou limão, porque o azeite forma uma camada protetora que evita que as verduras murchem.

Os azeites com sabor amendoado são excelentes quando utilizados em carnes brancas e legumes. Os muito frutados sublinham a doçura de saladas de tomate e manjericão, de peixes, de alcachofras temperadas apenas com alho e hortelã. Já aqueles um pouco menos frutados são mais adequados para o carpaccio, os antepastos, as saladas de frutos do mar; os apenas levemente frutados combinam melhor com alimentos de gosto mais forte ou em preparações em que o paladar das especiarias deva predominar.

Os azeites de oliva aromatizados acrescentam sabor quando utilizados como substitutos da manteiga sobre pratos de batata ou vegetais cozidos, como tempero de salada ou como condimento para molhar o pão. Também podem ser incluídos em marinadas e molhos ou borrifados sobre aves, peixes ou carnes, pouco antes de servir.

Saltear alimentos requer fogo bem alto, que os doure rapidamente. A panela deve ser aquecida em fogo médio, antes de se colocar o azeite de oliva. O alimento, bem seco, deve ser acrescentado ao azeite pouco antes que este atinja o ponto de fumaça. Com este método, uma fatia de carne fina fica pronta em cerca de dois minutos.

Por suportar altas temperaturas sem degradar-se, o azeite de oliva também é o mais apropriado para fritar, seguido do óleo de amendoim, que também é bastante estável.

Os especialistas chamam *ponto de fumaça* à temperatura em que o óleo começa a queimar e as gorduras começam a se decompor, formando compostos tóxicos. Veja os pontos de fumaça dos óleos mais comuns:

Ponto de fumaça de óleos e gorduras	
Óleo de girassol	menos de 130 °C
Óleo de soja	130 °C
Óleo de milho	160 °C
Óleo de amendoim	180 °C
Azeite de oliva extravirgem	210 °C
Manteiga	260 °C
Banha	mais de 260 °C

Fritar é praticamente a mesma coisa que saltear, usando-se, porém, mais azeite e frigideira de fundo grosso. Ao fritar carne, utilize uma espátula ou pinças para virá-la, em lugar do garfo, para que seus sucos não se percam. É preciso que o azeite esteja a uma temperatura elevada, de modo que o alimento não se encharque e seu revestimento se coagule de imediato, formando uma espécie de barreira. Peixes muito pequenos, croquetes feitos com ingredientes previamente cozidos, camarões pequenos e alimentos congelados devem ser fritos a 180 °C. Para carne empanada, vegetais e doces é suficiente uma temperatura de 160 °C a 170 °C. Com frangos e coelhos em pedaços grandes, peixes maiores e todos os alimentos que requerem cozimento prolongado, basta chegar à temperatura de até 150 °C.

O azeite de oliva também pode ser usado nas sobremesas, em massas de biscoitos e tortas. É uma das melhores alternativas para preparar a massa do pão, que ganha excelente textura e sabor. Uma das vantagens de usar azeite de oliva em lugar de manteiga é que parte da gordura necessária na receita pode ser eliminada, tornando o alimento mais saudável. Por exemplo, se a receita pede 1 xícara de chá de manteiga, pode-se substituí-la por ¾ de xícara de chá de azeite de oliva. Duas colheres de sopa de manteiga equivalem a 1,5 colher de sopa de azeite. Como o azeite tem um nível de antioxidantes bem mais alto do que a manteiga, essa substituição tem duas grandes vantagens: torna o alimento mais saudável e permite que seja conservado por mais tempo.

Receitas

Apresentamos, a seguir, algumas receitas em que o azeite de oliva é um dos ingredientes importantes, não pela quantidade utilizada, mas pelo sabor especial, aquele algo mais que confere aos pratos.

Sugestões de azeites:

- Saladas e alimentos crus, o azeite aconselhável é o frutado leve.
- Para sopas, molhos densos de longa duração, assados, usar um azeite frutado médio.
- Para molhos como o pesto, leves, usar o frutado leve.
- Para as sobremesas, é aconselhável o uso do azeite frutado leve.

Bresaola com rúcula e parmesão
(Bresaola all'arugola)

Ingredientes:

50 g de bresaola fatiada

2 colheres de sopa de azeite de oliva extravirgem

1 colher de sopa de suco de limão

2 xícaras de folhas de rúcula de primeiro corte

2 colheres de sopa de queijo parmesão em lascas

Origem: Itália

Serve: 1 pessoa

Modo de preparo:

1. Disponha as fatias de bresaola em um prato raso. Tempere com azeite, limão e sal.

2. Decore com as folhas de rúcula e as lascas de parmesão.

Nota:

Os profissionais chamam rúcula de primeiro corte à rúcula bem pequena e tenra.

Gazpacho andaluz

antepastos

Há mil maneiras de se preparar o gazpacho andaluz. Muitas versões desse prato utilizam pão como ingrediente, em lugar de croûtons. Em algumas cidades espanholas, é hábito substituir o vinagre por limão, em outras, o gazpacho vem acompanhado de uvas.

Algumas receitas acrescentam cenouras no momento de bater a mistura no liquidificador, e o prato, assim, ganha um aspecto colorido muito agradável.

Ingredientes:

- 1 kg de tomates vermelhos, maduros e firmes, sem sementes, em cubinhos
- 1 pimentão verde longo em cubinhos
- 2 dentes de alho socados
- 1 pepino descascado, sem sementes, em cubinhos
- 100 ml de azeite de oliva extravirgem
- 4 fatias de pão italiano cortadas em cubinhos
- azeite de oliva para fritar o pão
- 50 ml de vinagre de vinho branco
- sal a gosto
- 100 ml de água filtrada

Origem: Andaluzia, Espanha
Rendimento: 1 ℓ

Modo de preparo:

1. Coloque os tomates, o pimentão, o alho e o pepino no liquidificador. Junte o azeite e o vinagre, tempere com sal e bata até obter uma mistura uniforme.

2. Passe a mistura por uma peneira e acrescente 100 ml de água fria filtrada. Passe para um recipiente com tampa e leve ao refrigerador.

3. Sirva bem frio em taças de consomê, acompanhado de pão frito em azeite de oliva. À parte podem ser servidos outros acompanhamentos a gosto, como tomates, pimentões, cebolas, pepinos, ovos cozidos, presunto cru ou cozido, tudo cortado em cubinhos.

Saladinha ao mare
(Insalatina di mare)

Ingredientes:

100 g de salmão cru
suco de 1 limão-siciliano
200 g de camarões médios
200 g de lulas pequenas
200 g de polvos pequenos
1 dente de alho socado
2 colheres de sopa de salsa
   bem picada
sal e limão-siciliano a gosto
azeite de oliva extravirgem
   quanto baste

Origem: Ligúria, Itália
Serve: 4 porções

Modo de preparo:

1. Corte o salmão em lâminas bem finas, temperé com o suco do limão-siciliano, cubra com filme e leve à geladeira por algumas horas.

2. Descasque e limpe os camarões. Cozinhe no vapor.

3. Retire a pele das lulas e a barbatana interna. Lave-as bem e corte em anéis. Cozinhe por 5 minutos em bastante água fervente salgada e escorra.

4. Limpe o polvo. Cozinhe em panela de pressão por 45 a 60 minutos em bastante água fervente salgada. Escorra e corte em pedaços pequenos. Mantenha os peixes em local aquecido, de modo que não esfriem.

5. Coloque todos os peixes numa tigela grande. Tempere com o alho, a salsa picada, o sal, o limão e regue com o azeite de oliva extravirgem.

Ovos recheados com tapenade

antepastos

Ingredientes:

6 ovos

1 colher de sopa de vinagre

2 colheres de sopa de azeite de oliva extravirgem

2 a 3 colheres de sopa de tapenade (ver p. 134)

pedacinhos de azeitonas pretas para decorar

Origem: França

Serve: 6 porções

Modo de preparo:

1. Cozinhe os ovos por 10 minutos em água fervente com 1 colher de sopa de vinagre, para não oxidar as gemas. Escorra e descasque.

2. Corte-os no sentido do comprimento com uma faca molhada. Retire as gemas com cuidado para que a parte branca não se rompa.

3. Amasse bem as gemas com um garfo. Regue com o azeite, acrescente a tapenade e misture.

4. Recheie os ovos com essa mistura e decore com pedacinhos de azeitonas pretas.

Tartar de salmão e pinoli
(Tartara di salmone con pinoli)

antepastos

Ingredientes:

azeite de oliva extravirgem

1 colher de sopa de vinagre balsâmico

1 colher de sopa de mostarda-de-dijon

1 colher de chá de suco de limão

1 colher de sopa de raiz-forte

1 colher de sopa de maionese *light*

280 g de salmão fresco limpo, picado com a faca

¼ de cebola ralada

1 pera bem firme

1 colher de sopa de pinoli tostados

vinagre de vinho branco

ciboulette

sal e pimenta-do-reino moída na hora, a gosto

Origem: Itália
Serve: 4 porções

Modo de preparo:

1. Prepare uma emulsão com o azeite de oliva extravirgem, o vinagre balsâmico, sal e pimenta-do-reino. Junte a mostarda, o limão, a raiz-forte e a maionese.

2. Misture o salmão picado à emulsão. Verifique o sal e corrija, se necessário. Tempere com a cebola ralada. Reserve na geladeira.

3. Descasque e pique a pera em cubinhos bem pequenos. Coloque em um recipiente com azeite, vinagre de vinho branco, sal e ciboulette.

4. Com a ajuda de um aro, monte o salmão no prato de servir e sobre ele disponha 1 colher de chá da pera temperada, alguns pinoli tostados e sirva.

Risoto de bacalhau
(Risotto di baccalà)

arroz

Ingredientes:

140 ml de azeite de oliva extravirgem

1 talo de alho-poró picado

330 g de arroz-carnaroli

100 ml de vinho branco seco

130 g de bacalhau dessalgado, escaldado e desfiado

200 g de tomates sem pele nem sementes, em cubinhos

1 ℓ de caldo de galinha

20 g de azeitonas portuguesas sem caroço

10 g de pinoli

1 colher de sopa de manteiga

20 g de queijo parmesão ralado

ciboulette

sal a gosto

Origem: Vêneto, Itália

Serve: 4 porções

Modo de preparo:

1. Coloque um pouco de azeite de oliva extravirgem em uma panela e refogue o alho-poró.

2. Acrescente o arroz e refogue mais um pouco. Regue com o vinho branco e espere evaporar. Junte o bacalhau, os tomates e regue com um pouco de caldo de galinha. Continue acrescentando aos poucos o caldo de galinha. Pouco antes de ficar pronto, acrescente as azeitonas e os pinoli. Verifique o sal e, se necessário, corrija o tempero. Quando estiver ao ponto, acrescente a manteiga e o parmesão, misture bem e passe para uma travessa. Decore com a ciboulette e sirva imediatamente.

Massa com pinoli
(Farfalle ai pinoli)

Ingredientes:

100 g de manteiga

200 g de pinoli

1 maço de manjerona picada

300 g de massa tipo farfalle

1 xícara de chá de creme de leite fresco

azeite quanto baste

sal a gosto

Origem: Itália
Serve: 3 pessoas

Modo de preparo:

1. Leve ao fogo uma panela com 3 litros de água salgada. Quando ferver, junte a massa e cozinhe até ficar al dente.

2. Enquanto isso, processe a manteiga com os pinoli, a manjerona, o azeite e um pouco da água do cozimento da massa, até formar um creme. Tempere com sal e finalize com o creme de leite.

3. Escorra a massa e passe para uma travessa. Tempere com a mistura de creme de leite e sirva imediatamente.

Massa aromática com sálvia

(Farfalle aromatiche alla salvia)

massas

Ingredientes:

- ½ xícara de chá de azeite de oliva extravirgem
- 1 dente de alho inteiro descascado
- 10 folhas de sálvia fresca
- 400 g de macarrão tipo farfalle
- 100 g de manteiga
- ½ xícara de chá de queijo parmesão ralado
- 1 pitada de noz-moscada ralada na hora

Origem: Itália
Serve: 4 porções

Modo de preparo:

1. Coloque em uma panela o azeite de oliva extravirgem, o alho e as folhas de sálvia fresca. Aqueça por alguns minutos.

2. Leve ao fogo uma panela grande com pelo menos 4 litros de água. Espere ferver e cozinhe a massa al dente. Escorra e passe para uma travessa.

3. Tempere com o azeite aromatizado com as folhas de sálvia, acrescente a manteiga à temperatura ambiente e o queijo parmesão ralado. Misture bem, polvilhe com a noz-moscada e sirva.

Pesto à moda de Gênova
(Pesto alla genovese)

Ingredientes:

1 xícara de chá de folhas de manjericão

15 g de pinoli

2 dentes de alho descascados

120 ml de azeite de oliva extravirgem

1 colher de sopa de queijo parmesão ralado

1 colher de sopa de queijo pecorino ralado

300 g de talharim fresco

sal grosso a gosto

Origem: Gênova, Itália

Serve: 3 porções

Modo de preparo:

1. Desfolhe o manjericão, lave as folhas e enxugue bem.

2. No liquidificador, bata o alho com os pinoli, acrescente as folhas de manjericão e em seguida o azeite. Continue a colocar azeite até conseguir bater sem dificuldade. Adicione o parmesão e o pecorino ralados e, por último, o sal. Bata sempre aos poucos, ligando e desligando o liquidificador, para não aquecer o pesto.

3. Cozinhe a massa em pelo menos 3 litros de água fervente. Escorra, reservando um pouquinho da água do cozimento. Passe para uma travessa.

4. Dilua o pesto com a água do cozimento da massa. Tempere a massa com o molho e sirva.

Nota:

O molho pesto nunca deve ser aquecido antes de servir. Armazenado em recipiente esterilizado, pode ser conservado na geladeira ou no congelador.

Massa alho e óleo
(Spaghetti aglio e olio)

massas

Ingredientes:

500 g de espaguete
5 dentes de alho bem picados
½ xícara de chá de azeite de oliva extravirgem
1 xícara de chá de queijo parmesão ralado
sal e salsinha picada a gosto

Origem: Itália
Serve: 6 porções

Modo de preparo:

1. Leve ao fogo uma panela com pelo menos 5 litros de água salgada. Espere ferver e acrescente o espaguete. Cozinhe a massa. Quando estiver al dente, escorra no escorredor de macarrão.

2. Enquanto o macarrão cozinha, coloque o azeite em uma panela e refogue, em fogo baixo, os dentes de alho picados.

3. Salteie a massa na mesma panela do molho e finalize com a salsinha e o parmesão. Passe para uma travessa e sirva imediatamente.

Massa com portobello

(Spaghetti al portobello)

Ingredientes:

- 2 dentes de alho
- 3 colheres de sopa de azeite de oliva extravirgem
- 2 berinjelas com casca em cubinhos
- 2 tomates sem pele e sem sementes em pedaços pequenos
- 4 cogumelos-portobelo grandes em fatias
- 100 g de nirá
- 2 colheres de sopa de ciboulette
- 10 folhas de manjericão gigante
- ½ xícara de chá de queijo pecorino ralado
- 400 g de espaguete
- sal a gosto

Origem: Brasil
Serve: 4 porções

Modo de preparo:

1. Salteie o alho no azeite em uma frigideira.

2. Adicione a berinjela e espere cozinhar um pouco. Quando estiver macia, incorpore o tomate, os cogumelos e o nirá. Verifique o sal e corrija se for necessário. Tempere com as ervas e o queijo pecorino ralado.

3. Leve ao fogo uma panela com pelo menos 4 litros de água. Espere ferver e despeje o espaguete. Quando estiver al dente, escorra. Passe para uma travessa e tempere com o molho de berinjela e cogumelos. Sirva imediatamente.

Nota:

O nirá é uma erva japonesa cujo gosto é um misto de alho-poró e cebolinha, que pode ser encontrada em lojas e mercados orientais.

Bifes à pizzaiola

carnes

Ingredientes:

900 g de bifes de filé mignon

½ xícara de chá de azeite de oliva extravirgem

2 dentes de alho inteiros

1 kg de tomates pelados batidos no liquidificador

1 colher de sobremesa de orégano

sal e pimenta-do-reino moída na hora, a gosto

Origem: Itália

Serve: 6 porções

Modo de preparo:

1. Bata os bifes até ficarem bem finos e abertos.

2. Leve ao fogo uma frigideira com o azeite de oliva extravirgem e os dentes de alho. Frite rapidamente os bifes, dos dois lados. Tempere com o sal e a pimenta-do-reino e reserve.

3. Coloque o purê de tomates na mesma frigideira. Tempere com sal e pimenta-do-reino e cozinhe por cerca de 10 minutos.

4. Leve os bifes de volta à frigideira para que absorvam o sabor do molho. Pulverize o orégano sobre os bifes, passe para uma travessa e sirva.

Carne de panela com cerveja

Ingredientes:

- 200 ml de azeite de oliva extravirgem
- 1 kg de lagarto de vitela
- 1 cebola média em rodelas
- 1 folha de louro
- 300 ml de cerveja preta
- 2 ℓ de caldo de carne
- sal e pimenta-do-reino moída na hora, a gosto

Origem: Itália
Serve: 6 porções

Modo de preparo:

1. Leve ao fogo uma panela com o azeite de oliva extravirgem. Quando estiver quente, coloque a carne e deixe dourar bem, de todos os lados, por cerca de 15 minutos.

2. Acrescente a cebola, o louro e a cerveja. Tempere com o sal e a pimenta-do-reino. Aumente o fogo até ferver, abaixe a chama, tampe a panela e deixe cozinhar por aproximadamente 2 a 3 horas, regando com o caldo de carne sempre que estiver secando.

3. Quando a carne estiver bem macia, retire da panela e espere esfriar. Enquanto isso, deixe que o molho se reduza ainda mais, em fogo baixo.

4. Fatie a carne quando estiver totalmente fria. Recoloque na panela com o molho e espere aquecer. Passe para uma travessa e sirva.

Cuscuz de carneiro

carnes

Ingredientes:

½ kg de cuscuz marroquino

½ ℓ de azeite de oliva extravirgem

2 cebolas picadas

1 kg de carne de carneiro em cubos de 3 cm

350 g de purê de tomates

1 colher de chá de molho de pimenta

1 xícara de chá de grão-de--bico demolhado em água por uma noite

4 cenouras em cubinhos

1 pimentão em cubinhos

2 batatas em cubinhos

sal e pimenta-do-reino moída na hora, a gosto

Origem: Tunísia
Serve: 4 porções

Modo de preparo:

1. Coloque o cuscuz em uma tigela grande e acrescente ½ copo de água morna, ½ copo de azeite de oliva extravirgem, o sal e a pimenta-do-reino moída. Separe os grãos com as mãos.

2. Aqueça o azeite restante numa panela. Refogue a cebola até ficar transparente. Junte a carne e frite até ficar dourada. Tempere com o sal e a pimenta-do-reino.

3. Acrescente o purê de tomates, o molho de pimenta e mexa por alguns minutos. Junte o grão-de-bico, misture e deixe por 5 minutos. Acrescente água filtrada suficiente para cobrir o conteúdo da panela. Abaixe o fogo e cozinhe por cerca de 30 minutos, acrescentando mais água, se necessário.

4. Adicione a cenoura, o pimentão e as batatas. Tampe a panela e deixe cozinhar por mais 30 minutos. Se secar demais, acrescente mais água. A carne deve ficar bem macia, e o grão-de-bico, bem cozido.

5. Passe o cuscuz para um prato de servir. Sirva o molho separadamente.

Filé de peixe com alecrim e pinoli
(Filetto di branzino al rosmarino e pinoli)

peixes

Ingredientes:

200 g de filés de badejo
2 colheres de sopa de azeite
de oliva extravirgem
15 g de pinoli
1 colher de sopa de alecrim
sal a gosto

Origem: Itália
Cozimento: 10 min.
Serve: 1 porção

Modo de preparo:

1. Tempere os filés de peixe com sal.

2. Aqueça o azeite em uma frigideira antiaderente e coloque os filés de peixe. Reduza a chama e cozinhe em fogo lento por alguns minutos.

3. Adicione os pinoli e o alecrim e deixe mais um pouco. Quando o peixe estiver cozido e dourado, passe para uma travessa e sirva imediatamente.

Polvo à moda napolitana

peixes

Ingredientes:

1 kg de polvo

300 g de batatas descascadas em fatias

3 colheres de sopa de salsa picada

3 colheres de sopa de manjericão picado

200 ml de azeite de oliva extravirgem

2 dentes de alho descascados

1 talo de salsão em cubinhos

2 tomates vermelhos em cubinhos

algumas folhas de salsão

algumas folhas de rúcula

suco de 2 limões-sicilianos

sal a gosto

Origem: Nápoles, Itália
Serve: 6 porções

Modo de preparo:

1. Leve ao fogo uma panela com 2 litros de água. Quando ferver, coloque o polvo e deixe até mudar de cor. Escorra e corte em pedaços de 3 cm, aproximadamente.

2. Leve ao fogo uma panela com 1 ½ litro de água. Quando ferver, acrescente as batatas em fatias. Cuidado para não cozinhar demais.

3. Coloque no liquidificador a salsa, o manjericão, as folhas de salsão, as de rúcula, metade do azeite de oliva extravirgem, os dentes de alho, o suco de 1 limão e o sal. Bata até obter uma mistura homogênea.

4. Tempere o polvo com o azeite de oliva restante, o suco do outro limão e o talo de salsão picado.

5. Cubra o fundo de uma travessa com as batatas cozidas. Sobre elas, coloque o polvo temperado. Por cima, coloque a mistura batida no liquidificador e o tomate em cubinhos. Arremate com um fio de azeite de oliva extravirgem cru. Sirva imediatamente.

Mangas verdes em azeite de oliva
(Atjar)

Ingredientes:

350 g de mangas não completamente maduras

1 xícara de chá de sal

80 ml de azeite de oliva extravirgem

1 colher de sopa de curry

1 colher de sopa de cúrcuma

1 colher de sopa de pimenta dedo-de-moça sem sementes, bem picada

1 dente de alho amassado

1 colher de chá de feno-grego em pó

Origem: África do Sul
Serve: 6 porções

Modo de preparo:

1. Descasque as mangas e corte em cubos de 2 centímetros.

2. Misture o sal a 1 litro de água filtrada até dissolver. Coloque aí as mangas e cubra. Deixe descansar por 24 horas. Escorra e ponha as frutas em um recipiente de capacidade de 1 litro.

3. Aqueça ¼ de xícara de chá de azeite de oliva em fogo baixo. Junte o curry e a cúrcuma e refogue por 1 minuto. Adicione a pimenta dedo-de-moça, o alho e o feno-grego. Sem parar de mexer, despeje, aos poucos, o azeite de oliva restante. Deixe no fogo por mais alguns minutos, sem ferver. Apague o fogo e despeje o tempero sobre as mangas. Espere esfriar à temperatura ambiente. Leve à geladeira e deixe por pelo menos 3 dias antes de servir.

4. Sirva acompanhando pratos preparados com curry.

Papa de feijão-branco

acompanhamentos

Ingredientes:

200 g de feijão-branco demolhado

2 colheres de sopa de purê de tomate bem reduzido

60 ml de azeite de oliva extravirgem

1 dente de alho socado

1 colher de sopa de alecrim fresco bem picado

25 ml de caldo de carne

suco de ½ limão

pimenta-do-reino moída na hora, a gosto

sal a gosto

Origem: Toscana, Itália
Serve: 6 porções

Modo de preparo:

1. Escorra o feijão e coloque em uma panela com água fria. Acrescente o purê de tomate e tempere com sal. Espere ferver e abaixe o fogo.

2. Cozinhe por cerca de 1 ½ hora. Durante esse tempo, o feijão deve ficar coberto pela água. Se necessário, acrescente mais um pouco de água. Quando o feijão estiver cozido, a água deve ter sido quase completamente absorvida.

3. Espere esfriar um pouco e leve ao processador: bata até obter um purê.

4. Leve ao fogo uma panela com o azeite e refogue o alho e o alecrim. Quando o alho começar a mudar de cor, junte o purê de feijão e misture bem. Adicione o caldo de carne e mexa novamente, até obter uma mistura uniforme. Tempere com o suco de limão e a pimenta-do-reino. Reveja o sal e corrija, se necessário.

5. Antes de levar à mesa, regue com um fio de azeite de oliva extravirgem. Sirva com pão italiano ou como acompanhamento de carnes.

Verduras e legumas crus ao azeite
(Pinzimonio)

Ingredientes:

2 endívias

200 g de cenouras baby

1 cabeça de erva-doce sem as ramas cortada em palitos

3 talos de salsão em palitos

1 pimentão amarelo em palitos

1 pimentão vermelho em palitos

200 ml de azeite de oliva extravirgem

sal e pimenta-do-reino moída na hora, a gosto

Origem: Itália

Serve: 4 porções

Modo de preparo:

1. Separe as folhas de endívia e lave bem.

2. Disponha-as, com os outros vegetais, em torno de um prato de servir. Coloque no centro uma tigelinha com o azeite de oliva extravirgem, temperado com sal e pimenta--do-reino. Sirva.

Nota:

Pode-se também usar um dos azeites aromatizados. (Ver receitas nas páginas 139-146.)

Salada à moda de Capri
(Insalata caprese)

acompanhamentos

Ingredientes:

6 a 8 folhas de manjericão de folhas grandes

120 g de muçarela de búfala em fatias

4 tomates caqui médios em fatias

30 ml de azeite de oliva extravirgem

sal e pimenta-do-reino moída na hora, a gosto

Origem: Capri, Itália
Serve: 4 porções

Modo de preparo:

1. Lave e seque as folhas de manjericão. Rasgue cada uma em dois ou três pedaços, com os dedos.

2. Arrume as fatias de muçarela e de tomate, alternadamente, em um prato de servir. Distribua por cima as folhas de manjericão. Tempere com o azeite de oliva extravirgem, o sal e a pimenta-do--reino.

Salada grega de berinjela
(Melitzanosalata)

Ingredientes:

480 g de berinjelas

2 dentes de alho

2 tomates rasteiros sem pele e sem sementes, picados

2 colheres de sopa de salsa bem picada

½ colher de sopa de orégano

50 ml de azeite de oliva extravirgem

1 colher de sopa de vinagre de vinho

sal e pimenta-do-reino moída na hora, a gosto

Origem: Grécia
Serve: 6 porções

Modo de preparo:

1. Ponha as berinjelas em um prato refratário, leve ao forno aquecido (180 °C) e asse por 45 a 50 minutos. Espere esfriar um pouco e retire a pele. Pique bem enquanto ainda estiver quente.

2. Corte 1 dente de alho no sentido do comprimento e esfregue-o bem no interior de uma tigela de cerâmica. Coloque aí a pasta de berinjela e misture bem com uma colher de pau. Amasse o dente de alho restante.

3. Acrescente os tomates bem picados, o dente de alho amassado e as ervas aromáticas, batendo sempre. Adicione o azeite de oliva aos poucos e, em seguida, o vinagre. A salada de berinjela deve ficar uniforme e grossa. Prove e corrija o tempero com sal, pimenta-do-reino, azeite de oliva ou vinagre.

4. Sirva fria, acompanhando pratos de carne ou peixe, ou simplesmente com torradinhas, como aperitivo.

Nota:

Os tomates rasteiros ou italianos podem ser encontrados em qualquer supermercado.

Pão de azeitonas

pão

Ingredientes:

750 g de farinha de trigo

1 colher de sopa rasa de sal

1 sachê de fermento seco

200 ml de azeite de oliva extravirgem

azeite de oliva para untar

20 azeitonas pretas sem caroço em fatias

2 colheres de sopa de azeite de oliva extravirgem

sal grosso

Origem: Brasil

Rendimento: 1 pão grande

Modo de preparo:

1. Em uma tigela, peneire a farinha com o sal. Acrescente o fermento e misture bem, com uma colher de pau. Adicione o azeite de oliva extravirgem e, aos poucos, ½ litro de água morna, mexendo sempre até obter uma massa.

2. Espalhe um pouco de farinha sobre uma superfície e trabalhe a massa por 5 minutos. Coloque em uma tigela untada com azeite de oliva, cubra e deixe descansar em lugar aquecido por 45 minutos a 1 hora, ou até que dobre de tamanho.

3. Enfarinhe uma superfície lisa e abra a massa com o rolo de macarrão, até formar um retângulo grande. Espalhe as azeitonas por cima e enrole a massa sobre si mesma, como rocambole. Depois, ajeite para que adquira forma circular.

   Unte uma forma refratária com um pouco de azeite de oliva. Coloque aí o pão, cubra com um pano e deixe descansar mais 10 minutos. Por cima, respingue 2 colheres de azeite de oliva extravirgem e polvilhe um pouco de sal grosso. Leve ao forno a 190 °C por 40 a 60 minutos.

Abacaxi em emulsão de azeite

Ingredientes:

1 abacaxi maduro

1 colher de azeite de oliva extravirgem

1 colher de mel de acácia

100 ml de vinho moscatel

açúcar de confeiteiro e canela em pó para decorar

Origem: França
Serve: 4 pessoas

Modo de preparo:

1. Corte o abacaxi em quartos, no sentido longitudinal, e coloque em uma vasilha para que o suco escorra durante alguns minutos. Reserve o suco e leve o abacaxi à geladeira.

2. Faça uma emulsão com o azeite de oliva extravirgem, o suco do abacaxi reservado, o mel e o vinho moscatel.

3. Separe o abacaxi da casca com cuidado, para não quebrá-la. Corte a fruta em fatias e recoloque sobre a casca, alternando a posição das fatias como numa escadinha. Regue com a emulsão preparada.

4. Decore polvilhando com o açúcar e a canela. Sirva acompanhado com uma bola de sorvete de creme.

Beijinhos de laranja

sobremesas

Ingredientes:

2 gemas peneiradas

1 xícara de chá de suco de laranja-pera peneirado

2 xícaras de chá de açúcar

1 xícara de chá de leite

5 colheres de sopa de azeite de oliva extravirgem

1 colher de sopa de raspas de casca de laranja

1 colher de sopa de raspas da casca de limão-siciliano

2 xícaras de coco fresco ralado

açúcar cristal

Origem: Brasil
Rendimento: 60 docinhos

Modo de preparo:

1. Coloque em uma tigela as gemas e o suco de laranja. Bata durante 2 minutos.

2. Ponha o açúcar, o leite e o azeite de oliva em uma panela. Leve ao fogo e cozinhe, mexendo sempre, por cerca de 15 minutos. Junte então as gemas com o suco de laranja, as raspas de laranja e de limão e o coco ralado.

3. Continue cozinhando até o fundo da panela aparecer. Retire do fogo e ponha em um prato para esfriar.

4. Umedeça as mãos e faça pequenas bolinhas com a massa. Passe cada uma pelo açúcar cristal e coloque em forminhas para doces. Sirva.

Strudel de bananas

Ingredientes:

- 2 xícaras de chá de farinha de trigo peneirada
- 4 colheres de sopa de azeite de oliva extravirgem
- 100 ml de água mineral sem gás
- 1 colher de chá de canela em pó
- ¼ de xícara de chá de açúcar
- 2 bananas nanicas cortadas em fatias bem finas
- ¾ de xícara de chá de uvas passas sem sementes
- 1 gema
- azeite de oliva para untar

Origem: Brasil
Serve: 8 pessoas

Modo de preparo:

1. Coloque a farinha peneirada sobre uma superfície lisa. Faça uma cavidade no centro e despeje 3 colheres de azeite de oliva extravirgem. Aos poucos, acrescente a água mineral até obter uma massa elástica e macia. Se necessário, adicione um pouco mais de água. Embrulhe a massa em filme e leve à geladeira por 20 minutos.

2. Preaqueça o forno à temperatura de 180 °C.

3. Retire a massa da geladeira e abra com um rolo elétrico ou manual, sobre uma superfície enfarinhada, até que fique fina e transparente.

4. Misture o açúcar com a canela e reserve 1 colher de sopa. Polvilhe metade da mistura sobre a massa. Em seguida, distribua as bananas e as passas e polvilhe mais um pouco da mistura de açúcar.

5. Unte uma assadeira com um pouco de azeite de oliva. Enrole o strudel com cuidado, fechando bem as pontas. Coloque-o na assadeira.

6. Misture a gema com o azeite restante e pincele o strudel. Leve ao forno por 55 minutos.

7. Retire do forno, espere esfriar e polvilhe com a mistura de açúcar e canela reservada. Sirva com sorvete de creme ou creme chantilly.

Sopa de feijão

sopa

Ingredientes:

150 g de feijão-manteiguinha
1 folha de louro
1 cenoura
1 talo de salsão
2 cebolas pequenas
6 colheres de sopa de azeite de oliva extravirgem
100 g de presunto defumado
5 galhos de tomilho
4 dentes de alho com casca
2 pimentas-malaguetas
1 ½ ℓ de caldo de carne
800 g de purê de tomates
sal a gosto

Origem: Lombardia, Itália
Serve: 4 porções
Preparo: 2 horas
Cozimento: 1h40min

Modo de preparo:

1. Leve ao fogo uma panela com o feijão, 1,5 litro de água, o louro, a cenoura, o salsão e 1 cebola. Cozinhe por uma hora.

2. Pique a cebola restante e refogue-a com 3 colheres de azeite de oliva extravirgem, com o presunto defumado, o tomilho, o alho com casca e as pimentas-malaguetas. Quando a cebola ficar transparente, junte o feijão cozido e escorrido e ½ litro de caldo de carne. Cozinhe por 5 minutos.

3. Adicione o purê de tomates, o caldo de carne restante e cozinhe por mais 20 minutos. Tempere com sal, regue com um fiapo de azeite de oliva extravirgem e sirva bem quente.

Nota:

O feijão-manteiguinha, utilizado nesta receita, é um tipo de feijão de Santarém, Pará. Se for difícil encontrá-lo, substitua-o por feijão-branco ou feijão--fradinho.

Torradas com tomate
(Bruschetta al pomodoro)

tira-gostos

Ingredientes:

- 1 pão italiano em fatias
- 2 dentes de alho
- 4 colheres de sopa de azeite de oliva extravirgem
- 4 tomates pelados, sem sementes picados
- 1 colher de sopa de manjericão picado
- 1 colher de sobremesa de orégano picado
- 1 pimenta dedo-de-moça picada (opcional)

Origem: Itália
Serve: 6 porções

Modo de preparo:

1. Esfregue o alho nas fatias de pão e distribua o azeite por cima. Leve ao forno médio (180 °C) para tostar.

2. Misture os outros ingredientes e espalhe sobre o pão. Disponha sobre um prato de servir.

Manteiga de azeite

tira-gostos

Ingredientes:

250 ml de azeite de oliva extravirgem

Rendimento: 250 ml

Modo de preparo:

1. Coloque o azeite em um recipiente com tampa.

2. Leve ao congelador por 4 horas.

3. Desenforme e sirva com torradinhas e azeitonas verdes e pretas temperadas.

Tapenade

tira-gostos

Ingredientes:

20 a 30 azeitonas pretas (tipo empeltre, fargos ou califórnia) picadas grosseiramente.

1 colher de sopa de alcaparras em salmoura, bem lavadas e picadas

1 colher de sopa de suco de limão-siciliano

1 filé de anchova picado em conserva de azeite

2 colheres de sopa de azeite de oliva extravirgem

pimenta-do-reino moída na hora, a gosto

Origem: Provença, França

Rendimento: 200 g

Modo de preparo:

1. Misture todos os ingredientes e amasse em um pilão.

2. Passe para um recipiente com tampa e leve ao refrigerador.

3. Sirva com torradinhas como aperitivo ou use para a finalização de pratos.

Conserva de cebolinhas

conservas

Ingredientes:

1 kg de cebolas pequenas
2 ℓ de vinagre de vinho branco
1 colher de chá de sal
3 folhas de louro
alguns cravos-da-índia inteiros
alguns grãos de pimenta-do-
-reino inteiros
azeite de oliva extravirgem

Rendimento: 1 kg de cebolinhas em conserva

Modo de preparo:

1. Descasque e limpe as cebolinhas.

2. Leve o vinagre ao fogo e espere ferver. Salgue e despeje sobre ele as cebolinhas. Ferva por 3 minutos. Escorra. Devolva o vinagre à panela e junte os cravos-da-índia, o louro e os grãos de pimenta-do-reino. Ferva por mais alguns minutos. Apague o fogo e espere esfriar.

3. Coloque as cebolinhas no vinagre aromatizado por, pelo menos, 2 dias. Escorra muito bem e coloque para secar sobre um pano limpo. Passe para um vidro com tampa hermética e cubra completamente com azeite de oliva.

4. Deixe repousar com o recipiente aberto, em local fresco, por cerca de 10 dias. Controle o nível do azeite: se baixar, acrescente mais um pouco, até cobrir bem as cebolinhas. Feche bem os vidros quando o nível do azeite se tornar estável.

Nota:
Aguarde 30 dias para consumir.

Conserva de favas

Ingredientes:

1 ℓ de vinagre de vinho branco

1 ½ kg de favas frescas

1 colher de sopa de orégano seco

1 colher de sopa de grãos de pimenta-do-reino inteiros

sal a gosto

azeite de oliva extravirgem

Rendimento: 1 kg de favas em conserva

Modo de preparo:

1. Leve o vinagre ao fogo para ferver.

2. Descasque as favas, despeje no vinagre, tempere com sal e deixe ferver por 5 a 6 minutos. Escorra e coloque sobre um pano limpo para secar.

3. Coloque as favas em um recipiente com tampa hermética. Pulverize com o orégano e os grãos de pimenta-do-reino. Cubra com azeite de oliva extravirgem. Ponha o recipiente em local fresco, sem fechá-lo (apenas coberto com um pano de musselina), e deixe por alguns dias, controlando o nível do azeite. Sempre que diminuir, acrescente mais. Quando o nível do azeite se estabilizar, feche o recipiente e deixe em local fresco e escuro por, pelo menos, 1 mês. Se o azeite se tornar opaco, substitua-o por novo azeite.

Conserva de pimentão

Ingredientes:

1 ½ kg de pimentões vermelhos frescos

1 ℓ de vinagre de vinho branco

150 g de sal

3 folhas de louro

alguns cravos-da-índia inteiros

azeite de oliva extravirgem

Rendimento: 1 kg de pimentão em conserva

Modo de preparo:

1. Lave bem os pimentões e enxugue. Corte em 4 partes no sentido do comprimento, retire as sementes e os filamentos internos. Corte cada uma das 4 partes ao meio.

2. Leve o vinagre ao fogo e junte o sal. Quando ferver, despeje os pimentões e cozinhe por 4 a 5 minutos. Devem ficar macios, mas não moles. Escorra e coloque sobre um pano para secar.

3. Ponha os pimentões bem secos em um recipiente com tampa hermética. Arrume em camadas, distribuindo entre uma e outra as folhas de louro e os cravos-da-índia. Cubra completamente com o azeite. Não feche o recipiente, cobrindo-o apenas com um pedaço de musselina. Deixe em local fresco e escuro por cerca de 10 dias. Controle o nível do azeite diariamente. Se diminuir, complete-o até cobrir completamente os pimentões.

4. Assim que os pimentões não absorverem mais azeite, feche o recipiente com a tampa e deixe em local fresco por pelo menos 30 dias, antes de consumir.

conservas

Conserva de cogumelos
(Mix di funghi alle noci)

Ingredientes:

1 ℓ de vinagre de vinho branco

800 g de cogumelos frescos variados (cogumelos-de--paris, *shimeji*, *shiitake*, etc.)

½ colher de sopa de sal

1 pedaço de gengibre

1 folha de louro

½ dente de alho

2 cravos-da-índia inteiros

alguns grãos de pimenta-do--reino inteiros

algumas nozes quebradas em pedaços grandes

Origem: Itália

Rendimento: 800 g de cogumelos em conserva

Modo de preparo:

1. Leve ao fogo o vinagre com ½ litro de água. Salgue e espere ferver.

2. Limpe bem os cogumelos e mergulhe--os no vinagre fervente. Desligue o fogo e deixe descansar por cerca de 10 minutos. Escorra e passe para uma forma, sem apertá-los.

3. Passe alguns recipientes por água fervente para esterilizá-los. Distribua uma camada de azeite por dentro e disponha ali os cogumelos e os ingredientes restantes. Acrescente mais azeite até cobrir o conteúdo completamente.

Nota:

Conserve os vidros em local escuro e consuma por até 4 meses. Depois de abertos, conserve os recipientes em geladeira.

Azeites aromatizados

Os azeites aromatizados, que estão se tornando cada vez mais populares, podem sublinhar o sabor de temperos para saladas, marinadas, condimentos, vinagretes, assados, ensopados, sopas, etc. As possibilidades são infinitas. E como os sabores que oferecem são bastante intensos, devem ser usados em pequenas quantidades.

Para prepará-los em casa, é preciso usar azeites de excelente qualidade e seguir algumas regras simples. Em primeiro lugar, as garrafas e os potes utilizados para isso devem ser esterilizados e estar bem secos. Os utensílios que serão usados no processo podem ser de madeira, porcelana ou plástico, porém, deve-se evitar recipientes e utensílios de alumínio. As tampas metálicas devem ser evitadas.

Antes de guardar o azeite aromatizado, coloque uma etiqueta com a data, para estar certo de que será usado conforme o período de validade. Dê preferência a vidros e garrafas pequenos – oxigênio demais pode estragar o produto. Além disso, os ingredientes devem ficar completamente submersos no azeite; os que ficarem expostos irão se deteriorar mais facilmente.

Vamos, então, ao preparo de algumas dessas delícias.

Azeite à mostarda

Ingredientes:

2 colheres de sopa de
sementes de mostarda

¼ de xícara de chá de folhas
de alecrim fresco

1 xícara de chá de azeite de
oliva extravirgem

Rendimento: 1 xícara de chá

Modo de preparo:

1. Amasse as sementes de mostarda em um pilão. Reserve.

2. Lave e seque bem as folhas de alecrim. Pique grosseiramente.

3. Em uma panela pequena, coloque o azeite e o alecrim, e aguarde que ferva. Vá mexendo constantemente. Retire e espere esfriar.

4. Acrescente as sementes de mostarda amassadas. Misture bem. Deixe descansar por 20 a 30 minutos.

5. Passe por um pano de musselina, espremendo bem. Ponha em um recipiente de vidro e tampe. Guarde no refrigerador e utilize em, no máximo, 1 semana.

Nota:

Este azeite combina bem com carnes frias, costeletas de porco, rosbife e aves.

Azeite à noz-moscada

Ingredientes:

1 colher de sopa de noz-
-moscada ralada bem fina

5 cravos-da-índia inteiros

1 colher de sopa de folhas de
louro amassadas

1 xícara de chá de azeite de
oliva extravirgem

Rendimento: 1 xícara de chá

Modo de preparo:

1. Combine todos os ingredientes em uma panela pequena. Leve ao fogo médio, mexendo frequentemente. Ferva por apenas 15 segundos.

2. Retire do fogo e coe a mistura. Despeje em vidro esterilizado com tampa hermética. Conserve no refrigerador e use em 1 semana.

Nota:

Este azeite é excelente para temperar linguiças e pratos de carne de carneiro e de vitela.

Azeite à páprica

Ingredientes:

- 2 ½ colheres de sopa de páprica
- 1 xícara de chá de azeite de oliva extravirgem

Rendimento: 1 xícara de chá

Modo de preparo:

1. Misture a páprica a ¼ de xícara de chá de água e despeje em um vidro esterilizado. Acrescente o azeite e misture bem. Tampe hermeticamente e leve ao refrigerador por 2 dias, sacudindo o vidro ou misturando o conteúdo de vez em quando. O azeite ficará turvo e sólido.

2. Tire da geladeira e espere que fique à temperatura ambiente, quando então voltará a ficar transparente. Coe. Despeje o azeite em um vidro esterilizado. Tampe hermeticamente e conserve no refrigerador. Utilize em no máximo 2 meses.

Azeite ao alecrim e laranja

azeites aromatizados

Ingredientes:

- 1 colher de sopa de sementes de erva-doce
- 1 laranja
- 1 colher de sopa de folhas de alecrim frescas
- 1 xícara de chá de azeite de oliva extravirgem

Rendimento: 1 xícara de chá

Modo de preparo:

1. Amasse bem as sementes de erva-doce no pilão.
2. Retire a casca da laranja e pique bem fininho.
3. Lave e seque bem as folhas de alecrim. Pique bem fininho.
4. Misture todos os ingredientes e coloque num recipiente refratário.
5. Leve ao forno baixo-médio (150 °C) por 1h20min. Retire e espere esfriar.
6. Coe várias vezes em um pano de musselina, se for necessário. Esprema bem e passe para um recipiente de vidro. Tampe e leve à geladeira. Utilize em no máximo 1 semana.

Nota:

Este azeite dá um sabor diferente a vegetais cozidos no vapor e peixes assados.

Azeite ao estragão e laranja

Ingredientes:

1 ½ xícara de chá de folhas de estragão frescas, com os caules

1 laranja grande com a casca

1 xícara de chá de azeite de oliva extravirgem

Rendimento: 1 xícara de chá

Modo de preparo:

1. Lave bem o estragão e mergulhe em água fervente por 10 segundos. Escorra rapidamente e mergulhe em água gelada. Seque bem.

2. Retire a casca da laranja e pique em pedaços pequenos. Corte a fruta em cubinhos, desprezando as sementes.

3. Misture o estragão, o azeite, a laranja e a casca em uma tigela. Tampe e deixe no refrigerador por 3 a 4 horas. O azeite ficará turvo e sólido. Basta retirá-lo da geladeira e deixá-lo voltar à temperatura ambiente para que retome sua transparência.

4. Coe e retire cuidadosamente com uma concha o azeite que flutuar na superfície da mistura. Descarte o suco que sobrar. Passe para um recipiente esterilizado com tampa hermética. Guarde no refrigerador e use em 1 semana.

Nota:

Este azeite aromatizado é bastante versátil e vai muito bem em omeletes, molhos cremosos, aves assadas, molho vinagrete e maionese.

Azeite aos tomates secos

azeites aromatizados

Ingredientes:

½ xícara de tomates secos
1 xícara de azeite de oliva extravirgem

Rendimento: 1 xícara de chá

Modo de preparo:

1. Mergulhe os tomates em água fervente por 3 a 4 minutos para reidratá-los. Escorra bem.

2. Bata os tomates com o azeite no liquidificador, despeje em um vidro esterilizado e tampe. Deixe descansar na geladeira por 24 horas. O azeite provavelmente ficará compacto. Antes de reutilizá-lo, deixe que volte à temperatura ambiente.

3. Coe em um filtro de papel para café ou em um pano de musselina. Passe para um recipiente de vidro esterilizado e tampe bem. Guarde no refrigerador. Use em no máximo 1 semana.

Nota:

Este azeite vai muito bem com peixes, carnes ou aves grelhadas.

Azeite às sementes de papoula e anis

azeites aromatizados

Ingredientes:

¼ de xícara de chá de sementes de papoula

¼ de xícara de chá de sementes de anis

1 xícara de chá de azeite de oliva extravirgem

Rendimento: 1 xícara de chá

Modo de preparo:

1. Leve todos os ingredientes ao fogo em uma panela pequena. Quando começar a frigir, abaixe o fogo. Mexa de vez em quando. Retire e espere esfriar.

2. Passe a mistura por um pano de musselina, apertando bem. Despeje em um recipiente de vidro e tampe. Conserve no refrigerador e utilize em no máximo 1 semana.

Nota:

Este azeite confere um tom de sofisticação a vinagretes, sautés e marinadas.

Parte 2

O azeite de oliva e a beleza

> A Grécia é uma vinha,
> uma oliveira e um barco.
> *Odysseas Elytis, poeta grego*

Desde tempos imemoriais a humanidade sempre procurou melhorar sua aparência física. No Egito antigo, por volta de 5000 a.C., homens e mulheres de qualquer classe social usavam pesada maquilagem, tanto por razões estéticas como espirituais, pois existia entre eles a crença de que a maquilagem mantinha os maus espíritos a distância. Sobre um fundo branco aplicavam-se pinturas verdes e pretas nas pálpebras superior e inferior, ocre nas maçãs do rosto e nos lábios; nas unhas, as cores da moda eram amarelo e laranja. Os nobres e os ricos tratavam pele e cabelo com cremes e óleos, na maioria dos quais o azeite era um importante ingrediente. Tão grande era a importância dada aos cosméticos que seu emprego chegou a ser registrado por escrito: num papiro antigo foi encontrada a receita de um creme antirrugas à base de azeite de oliva misturado com leite, grãos de incenso, cera e bagas de cipreste, que deveria ser aplicado por, pelo menos, seis dias. Ainda entre os egípcios, o azeite também era fundamental para a preparação dos unguentos e na fabricação dos perfumes, cujos ingredientes (pétalas de rosa, canela, íris, amêndoas, etc.) eram demolhados em azeite e algumas vezes cozidos nele, para adquirir a forma de creme sob a qual eram, depois, aplicados.

Os gregos absorveram dos egípcios o hábito de usar cosméticos, embora não lhes emprestassem qualquer cunho espiritual e o fizessem com objetivos puramente estéticos. Além de empregar o azeite na fabricação de cosméticos e perfumes, usavam-no para massagear-se depois das termas, aproveitando suas propriedades emolientes. Os atletas o friccionavam no corpo antes das competições para tornar os músculos mais elásticos e, depois delas, para recuperar as energias e combater as dores.

Para prevenir a queda dos cabelos e fortificá-los, as mulheres romanas os tratavam com azeite de oliva. Uma estratégia de *marketing* bastante popular entre os mercadores bárbaros consistia em imergir os escravos em banhos de óleo de oliva, antes de levá-los ao mercado, para ressaltar a musculatura dos homens e as curvas das mulheres, dando a impressão de que se encontravam em excelentes condições, o que naturalmente elevaria os preços obtidos por eles.

Na medicina tradicional, usava-se azeite no tratamento da acne, para conferir tônus e elasticidade à pele, o que servia também para prevenir o aparecimento de rugas.

O azeite pode também ser utilizado em óleos de banho, para uma limpeza profunda sem causar ressecamento da pele, bem como em massagens, para dar maior elasticidade à pele ou prevenir e reduzir a celulite.

Descobriu-se, recentemente, que as gorduras presentes no azeite de oliva são as mesmas que formam o tecido adiposo do organismo, o que veio comprovar aquilo que nossos antepassados sabiam instintivamente, ou seja, que os sabonetes feitos com azeite são especialmente adequados para as peles delicadas, que tendem a apresentar rachaduras, como a das crianças pequenas. Na verdade, os sabonetes feitos com azeite ao qual se adicionam diferentes fragrâncias aromáticas, corantes e glicerina são fabricados e comercializados em pequena escala há bastante tempo. Os *savons de Marseille*, que vêm sendo produzidos desde o século IX, são internacionalmente famosos, e seus ingredientes principais são azeite de oliva, água salgada do mar Mediterrâneo e cinzas alcalinas provenientes de plantas marinhas. Uma lei do governo francês, promulgada em 1688, determina que a famosa denominação somente pode ser usada pelos sabonetes fabricados pelos métodos tradicionais, usando ingredientes puros. Quando produzidos com azeite de oliva, os *savons de Marseille* são verdes, mas existe uma variação bege, cuja base é o óleo de dendê.

Hoje há uma forte tendência para voltar aos tratamentos cosméticos que se baseiam nos princípios ativos de produtos naturais, o que levou a uma "redescoberta" das virtudes do azeite, que é um excelente hidratante e amaciante da pele, além de conter substâncias antioxidantes que retardam o envelhecimento dos tecidos, prevenindo o surgimento de rugas. Como resultado disso, atualmente muitos laboratórios comercializam, com sucesso, uma grande variedade de cosméticos à base de azeite e seus derivados, para tratar todas as partes do corpo: máscaras de beleza para a pele, bálsamos para os lábios, xampus e tratamentos de caspa para os cabelos, loções para as mãos, líquidos para amaciar as unhas, óleos para banhos de imersão e muitos mais.

Apesar disso, ainda vale a pena preparar cosméticos em casa: é uma atividade bem tradicional que, além de bastante divertida, pode gerar grandes economias, tendo também a vantagem de permitir o controle dos ingredientes usados, para evitar o aparecimento de alergias e prejuízos ao meio ambiente.

Se sua pele estiver ressecada, há um tratamento excelente e fácil de fazer.

Tratamento para pele seca

Prepare uma máscara misturando 2 colheres de sopa de azeite de oliva extravirgem e ½ colher de sopa de água a 1 colher de sopa de argila. Aplique-a sobre a pele com um pincel e relaxe por 15 minutos. Quando a máscara secar, enxágue com água morna e depois passe sobre o rosto um chumaço de algodão embebido em água de rosas. Pode-se obter o mesmo efeito substituindo a argila e a água pela polpa de um abacate.

As mãos ficam facilmente ressecadas pelo frio, a poeira e o uso de detergentes. Você pode tratá-las assim:

Para mãos ressecadas, avermelhadas ou partidas

Aqueça ligeiramente um pouco de azeite de oliva, no fogão ou no micro-ondas, e mergulhe as mãos nele, por 15 a 20 minutos.

Os cabelos podem se tornar fracos e opacos por muitas razões, entre elas o cloro das piscinas, a poluição, o estresse e alguns tipos de xampu e tinturas industrializados. Para revigorar cabelos danificados, use a seguinte receita:

Revigorador dos cabelos

Misture num recipiente de louça 2 xícaras de chá de azeite de oliva extravirgem a 30 g de raiz de confrei (*Symphytum officinale L.*) em pedaços. Mexa bem com uma colher de pau. Depois de 5 minutos, passe para uma panela e leve ao fogo baixo (100 °C) por 3 horas. Retire, espreme bem as ervas e despreze-as. Adicione então 30 gotas de óleo de alfazema e 30 gotas de óleo de alecrim, misturando bem. Guarde em um vidro com tampa hermética.

No momento de utilizar, aqueça ligeiramente o óleo revigorador, em banho-maria ou no micro-ondas. Coloque o óleo morno nas mãos, aos poucos, e massageie com ele o couro cabeludo; depois os cabelos, da raiz para as pontas, até embebê-los todos. Cubra os cabelos com uma touca plástica e envolva a cabeça em uma toalha embebida em água quente. Quando a toalha esfriar, retire-a, mergulhe-a novamente na água quente e volte a enrolá-la na cabeça. Faça isso durante meia hora: depois, lave a cabeça usando um xampu suave. Repita o tratamento duas ou três vezes por semana.

O azeite proporciona tratamento até para unhas fracas e quebradiças.

Para fortificar as unhas

Mergulhar as unhas em azeite de oliva morno por 10 minutos, pelo menos uma vez por semana. As unhas frágeis ganharão novo vigor, e a cutícula será reduzida e amaciada.

Recomenda-se utilizar azeite velho para massagear o corpo, aquecendo-o e provocando a transpiração, pois isso acelera o fluxo do sangue, defendendo o organismo contra a toxemia, intoxicação resultante do acúmulo excessivo de toxinas, e combatendo o cansaço e o abatimento.

Para as pessoas que trabalham por muito tempo em pé, o seguinte tratamento reduzirá a fadiga:

Para a fadiga dos pés
Após um dia de trabalho duro, massageie os pés, antes de ir para a cama, com uma mistura de 1 colher de sopa de azeite de oliva com 6 gotas de óleo de lavanda (ou outro perfume de sua preferência).

Quando voltar para casa à noite, não vá para a cama sem retirar bem a maquilagem que usou durante o dia.

Removedor de maquilagem
Misture bem 1 colher de sopa de óleo de castor com 2 colheres de sopa de azeite de oliva extravirgem e mais 2 colheres de sopa de óleo de canola. Aplique com algodão ou lencinho de papel para remover a maquilagem em torno dos olhos.

Esta outra receita resolverá o problema de cotovelos enrugados e feios.

Para amaciar cotovelos enrugados
Corte 1 limão ao meio e despeje azeite de oliva sobre as duas metades. Apoie os cotovelos sobre elas e relaxe por 10 minutos.

Veja como não é tão difícil amenizar as estrias que aparecem nos seios após a amamentação.

Para combater as estrias dos seios
Misture 1 gema de ovo a um pouco de azeite de oliva extravirgem e ao suco de ½ limão. À noite, aplique com uma massagem leve. A seguir, vista uma camiseta folgada e enxágue apenas pela manhã.

Para clarear os dentes e fortificar as gengivas
Enxágue a boca com 1 colher de sopa de azeite de oliva extravirgem por 10 a 15 minutos, pelo menos uma vez por semana.

No fim do dia, para acalmar os nervos afetados pela correria do dia a dia, nada melhor do que um relaxante banho de imersão perfumado com baunilha.

Banho de imersão com baunilha
Num vidro com tampa hermética, misture 1 xícara de chá de azeite de oliva extravirgem com ½ xícara de chá de sabonete líquido, 1 colher de sopa de extrato de baunilha e ¼ de xícara de chá de mel. Feche o vidro e sacuda bem antes de usar. Use de ¼ a ½ xícara de chá em cada banho.

Como se vê, o azeite de oliva não é somente um produto saboroso e de alto poder nutricional, é também um grande aliado da beleza humana, como os antigos sempre acreditaram e os cientistas recentemente comprovaram.

O azeite na economia mundial

> Se eu tiver vinho, pão e azeite de oliva em casa toda noite,
> durmo como um rei com minha mulher.
>
> *Dístico rimado, Creta*

Segundo o Conselho Oleícola Internacional (COI)[1] existiam, em 1995, 748.423 oliveiras em todo o mundo, distribuídas por uma área total de 8.701.697 hectares. Da produção total de azeitonas, cerca de 1 milhão de toneladas são consumidas como azeitonas de mesa, e o restante é empregado na produção de azeite de oliva, que representa cerca de 3% do volume total de óleos comestíveis produzidos no mundo, mas entre 10% e 20% do valor global desses produtos.

Por razões edafoclimáticas,[2] o total da produção de azeitonas e azeite no mundo está circunscrito às faixas limitadas pelos paralelos 30 e 45, tanto no hemisfério Norte como no Sul. Assim, a bacia do Mediterrâneo concentra, em média, 99% da produção oleícola mundial, sendo 76% em países da União Europeia – 32% na Espanha, 26% na Itália, 16,5% na Grécia, 1,4% em Portugal e 0,1% na França – e 23% nos outros países produtores da região, a saber: Tunísia (8,3%), Turquia (4,5%), Síria (3,8%),

---

[1] O Conselho Oleícola Internacional (COI) é uma organização intergovernamental fundada em 1959, responsável pela administração do Acordo Internacional do Azeite de Oliva concluído sob os auspícios das Nações Unidas.

[2] Combinação das condições de solo e clima.

Marrocos (2,6%), Argélia (1,5%), Jordânia (0,6%), Palestina (0,5%), Líbia (0,4%), Líbano (0,3%), Israel (0,2%), além do Egito, do Chipre, da Croácia e da Sérvia e Montenegro, que contribuem cada um com menos de 0,1% da produção global.

Fora da bacia Mediterrânea, o maior produtor é a Argentina, com 0,4% da produção mundial. Austrália, Irã, Chile, Estados Unidos e México também têm, cada um, menos do que 0,1% da produção total do mundo.

A campanha de 2003/2004

Tomando por base a média da produção mundial das campanhas de 1999/2000 a 2002/2003, que foi de 2.565.250 t, a produção da campanha de 2003/2004, com 3.174.000 t, foi uma produção recorde. Como as condições climáticas não foram particularmente favoráveis, acredita-se que esse resultado se deveu ao fato de terem sido implantados sistemas mais racionais de cultivo e colheita.

Nessa mesma campanha, a produção dos países da União Europeia foi de 2,448 milhões de toneladas, acima da média do período de referência, que foi de 2.056.325 t, e correspondendo a 77% da produção mundial. Na União Europeia, a Espanha, com 58% da produção de toda a região, foi o país com maior volume de produção. Mas a Itália, embora tenha sido a segunda em volume, com 28%, foi considerada a primeira em qualidade, pela amplitude e profundidade de sortimento. De fato, existem ali 1,2 milhão de olivicultores, 6 mil lagares (em italiano, *frantoio*) e 715 diferentes cultivares que permitem produzir, entre outros, 300 *blends* de altíssima qualidade.

Produção de azeite na União Europeia (em 1.000 t)					
Campanha	Espanha	Itália	Grécia	Portugal	França
1995/1996	337,6	620,0	400,0	43,7	2,3
1996/1997	947,3	370,0	390,0	44,8	2,5
1997/1998	1.077,0	620,0	375,0	42,0	2,7
1998/1999	791,9	403,5	476,0	35,1	3,4
1999/2000	669,1	735,0	420,0	50,2	4,1
2000/2001	973,7	509,0	430,0	24,6	3,2
2001/2002	1.411,4	656,7	358,3	33,7	3,6
2002/2003	861,1	634,0	414,0	28,9	4,7
2003/2004	1.412,0	685,0	308,0	31,2	4,6
Média	942,3	581,4	396,8	37,1	3,4

Fonte: COI (2004).

O consumo mundial de azeite de oliva, por sua vez, chegou a 2.882.500 t, em 2003/2004. Desse total, 1.997,3 milhão de toneladas (70%) foram consumidos na União Europeia. A Itália é um dos maiores consumidores mundiais, tendo consumido 785 ml t nessa campanha.

Constata-se também que, durante esse período, tanto a produção como o consumo continuaram a aumentar em todo o mundo.

É curioso observar que é altíssimo (89%) o percentual da produção global de azeite de oliva consumido nos próprios países produtores. Fatores culturais, econômicos e históricos são, provavelmente, a melhor explicação para esse fenômeno.

Apenas a Espanha e a Grécia são autossuficientes em relação ao consumo de azeite. Todos os outros países produtores são também importadores, alguns mais, outros menos, desse produto.

Há anos a Itália detém a liderança entre os maiores exportadores mundiais, tendo exportado 181,5 mil t na campanha de 2003/2004.

O maior mercado importador foram os Estados Unidos, que receberam 226 mil t, (35%), volume bem superior à média do período de referência (1999/2000 a 2002/2003), que foi de 190 mil t. A União Europeia foi a segunda colocada em volume de importações, com 209.500 t (33%).

Importações dos quatro maiores países importadores				
Importações (em 1.000 t)				
Campanha	EUA	Canadá	Japão	Austrália
1995/1996	105,0	14,0	16,5	16,0
1996/1997	140,5	19,0	26,0	21,5
1997/1998	144,0	17,5	34,0	17,5
1998/1999	155,0	18,5	28,5	23,5
1999/2000	175,0	23,0	27,0	25,0
2000/2001	200,0	25,5	29,0	30,0
2001/2002	193,0	24,0	31,5	26,5
2002/2003	191,5	25,0	30,5	31,5
2003/2004	226,0	26,0	32,0	31,0

Fonte: COI (2004).

Os preços do produto nos principais mercados produtores da União Europeia, que mostraram uma tendência de baixa no início do período de referência, voltaram a subir na segunda metade, e essa alta dificultou o crescimento das exportações.

A campanha de 2004/2005

A produção dessa campanha foi de 3,013 milhões de toneladas, 5,8% menor do que a excepcional campanha anterior. A União Europeia produziu em torno de 78% do total mundial, continuando como líderes de produção a Espanha, com 989.800 t (42%), a Itália, com 879 mil t (37,3%), e a Grécia, com 435 mil t (18,4%).

A demanda pelo produto aumentou, tendo um consumo total de 2.923.500 t.

O consumo europeu de azeite correspondeu a 71% do consumo mundial, com 2.078.900 t na campanha de 2004/2005 (81.600 t a mais que a campanha anterior). Os Estados Unidos consumiram 215.500 t (7,4% do consumo mundial). Os outros grandes consumidores de azeite, em menor escala, são: a Austrália, com 32.500 t (1,1% do total), seguida do Japão e do Canadá, ambos com 32 mil t (1,09% do total cada).

Verifica-se que o consumo mundial de azeite vem crescendo paulatinamente. Na campanha de 1990/1991, o consumo mundial foi de 1.666.500 t e, na de 2004/2005, de 2.923.500 t.

Como, porém, a produção também vem crescendo com regularidade, pode-se dizer que, de modo geral, houve um razoável equilíbrio entre oferta e demanda, pelo menos durante o período de referência de quatro campanhas (1999/2000-2002/2003).

Evolução do consumo mundial de azeite de oliva	
Campanha	Consumo (em 1.000 t)
1990/1991	1.666,5
1991/1992	1.857,0
1992/1993	1.904,0
1993/1994	1.985,0
1994/1995	1.994,5
1995/1996	1.888,5
1996/1997	2.241,5
1997/1998	2.381,5
1998/1999	2.413,0
1999/2000	2.442,5
2000/2001	2.590,5
2001/2002	2.606,5
2002/2003	2.677,5
2003/2004	2.882,5
2004/2005	2.923,5
Média	2.296,97

Fonte: COI (2005).

Organizações governamentais e privadas dos países produtores empreendem diversas ações com o objetivo de expandir o consumo mundial de azeite de oliva. Entre elas estão as frequentes campanhas de informação do Conselho Oleícola Internacional, que têm levado muitos consumidores a mudar seu paladar, preferindo azeites de oliva extravirgem. De fato, já foi constatado que na França, por exemplo, o consumo de azeite extravirgem é superior a 90% do total do consumo de azeite; na Alemanha, esse percentual chega a 70%; e, na Grã-Bretanha, a perto de 60%. Outro fator que favorece o crescimento da demanda por azeite, naturalmente, é a difusão cada vez maior do conhecimento de suas virtudes nutritivas e medicinais.

Produtores da União Europeia

*Com exceção da videira, não há planta que dê um fruto
de importância tão grande como a oliveira.*
Plínio, o Velho (23 d.C.-79 d.C.), autor latino

A União Europeia é responsável por 62% da produção mundial do azeite de oliva, que gira em torno de 2,9 milhões de toneladas, em 2017/2018. Todos os produtores mais importantes estão na bacia Mediterrânea: Espanha, com 37,7% da produção mundial e 60,4% da produção europeia; Itália, com 11,05% e 17,73%, respectivamente; e a Grécia, com 10,4% e 16,62%. Portugal contribui com menos de 3% da produção; já a França tem uma produção de volume muito pequeno, mas de excelente qualidade.[1]

Denominação de Origem Protegida (DOP) e Indicação Geográfica Protegida (IGP)

Desde a década de 1990, a União Europeia vem implementando uma política para aperfeiçoar a qualidade no setor agroalimentar, com a adoção de regulamentos comunitários sobre a classificação dos azeites, inclusive com requisitos para atribuição de uma DOP ou de uma IGP.

---

[1] Valores da previsão do COI (2017) para a campanha 2017/2018.

A Denominação de Origem Protegida (DOP) é uma designação de grande prestígio dada aos azeites extravirgens que se distinguem por características devidas, essencial ou exclusivamente, ao terroir e à excelência da técnica de produção, que, desde o plantio da oliveira até a elaboração final, deve ser totalmente feita dentro da área delimitada pela concessão da DOP. Para que o azeite se enquadre em uma Indicação de Origem Protegida (IGP), porém, basta que uma das fases – produção, transformação ou elaboração – ocorra conforme os limites estabelecidos, pelas características notáveis que confere aos azeites ali produzidos.

Itália

Durante muito tempo a Itália foi o maior produtor mundial em volume. A partir da campanha de 2000/2001, foi ultrapassada pela Espanha, mas os especialistas afirmam que continua mantendo a primazia em termos de qualidade, principalmente pela grande variedade de cultivares que possui.

Os olivais italianos ocupam, hoje, pouco mais de 1,1 milhão de hectares, de onde se colheram, na campanha de 2003/2004, cerca de 3 milhões de toneladas de azeitonas, a maioria destinada à produção de azeite, principalmente extravirgem, o mais procurado pelos mercados estrangeiros.

Dependendo da campanha, existem entre 5 mil e 7 mil lagares (chamados *frantoio*, em italiano) ativos, 75% deles no Sul do país, cuja produção média é 16% superior à média nacional, embora seja muito fragmentada, porque quase 70% das propriedades olivícolas da região estão em colinas e mais de 10% em montanhas. O azeite de oliva italiano representa quase 80% do total das importações do produto pelos Estados Unidos, e quase 65% das do Japão. Porém, o país é, também, um dos grandes importadores do produto.

As regiões italianas e seus azeites

Com exceção do Vale d'Aosta e do Piemonte, onde o clima muito frio é inadequado para o cultivo da oliveira, todas as regiões italianas produzem azeite de oliva e têm azeites que já receberam a designação DOP ou estão em processo de reconhecimento para tal. Segundo informação oficial da União Europeia, no final de outubro de 2005 os azeites italianos tinham 36 DOP e uma IGP. No entanto, esses números vêm crescendo, o que reflete um aumento do nível de exigência do consumidor italiano e faz com que os produtores procurem atingir níveis de qualidade cada vez melhores.

Abruzos

Essa região fica no Centro-Sul da Itália, sobre o mar Adriático (ou seja, na parte de trás da "bota" italiana), e inclui quatro províncias: Áquila, Pescara, Chieti e Teramo. O cultivo da azeitona é de tradição milenar na região, e os achados arqueológicos mais antigos datam do século V a.C. Os olivais ocupam a área que vai do mar às encostas das montanhas e estão difundidos por todo o território, caracterizando a paisagem. Muitas famílias nobres da região têm uma oliveira ou um ramo em seu escudo. A excelência do azeite ali produzido foi cantada por poetas, como Virgílio e Ovídio, e comentada, em tempos mais recentes, por Gabriele d'Annunzio.

A região tem três DOPs de azeites:

- DOP Aprutino Pescarese – Deve ser produzido em uma das 32 localidades especificadas, todas na província de Pescara, e é considerado o melhor da região. Para poder usar a DOP, além de ser totalmente produzido na região designada, pelo menos 80% do azeite deve ser obtido de azeitonas das variedades dritta, leccino e toccolana, isoladas ou em conjunto. É permitido que o olival tenha um máximo de 20% de plantas de outras variedades, como a castiglionese e a pollice. As azeitonas devem ser colhidas entre 20 de outubro e 10 de dezembro de cada ano, devendo conter no rótulo a indicação do ano de produção. Os azeites de DOP Aprutino Pescarese têm cor entre o verde e o amarelo, perfume frutado acentuado e sabor frutado. São muito apropriados para pratos de peixe e para o "caldinho pescarese".
- DOP Pretuziano delle Colline Teramane – Região produtora que inclui 23 municípios e parte do território administrativo

de outros dezessete, todos na província de Teramo. Pelo menos 75% do azeite dessa denominação devem ser obtidos de um conjunto das variedades leccino, frantoio e dritta. Os outros 25% podem ser representados por variedades autóctones locais, das quais as mais comuns são tortiglione, carboncella e castiglionese. O azeite produzido é amarelo-esverdeado, com perfume frutado médio e sabor médio frutado, com leve sensação de amargo-picante e traços de menta. É muito adequado para uso em carnes grelhadas, verduras e legumes cozidos.

- DOP Colline Teatine – Denominação que pode ser acompanhada por uma menção geográfica adicional, Frenano ou Valtese, e inclui os territórios olivícolas da província de Chieti, onde se pode obter a produção com as características qualitativas exigidas pelo regulamento da DOP, que são as seguintes:

  - pelo menos 50% do olival onde são produzidas as azeitonas, e de onde se extrai o azeite, deve ser constituído por plantas da variedade gentile di Chieti; no máximo 40% podem ser da variedade leccino; os outros 10% restantes podem ser de outras variedades;

  - cor entre o verde e o amarelo; perfume frutado, de leve a intenso; sabor frutado.

Os azeites deste tipo combinam bem com sopas de legumes e peixes grelhados.

Apúlia

Chamada *Puglia* em italiano, essa região forma o "calcanhar e o salto da bota", no Sul da Itália, entre o mar Adriático, ao norte e a leste, o mar Jônico, ao sul, e as regiões Molise, Campânia e Basilicata, a oeste. É formada por quatro províncias: Bari, Brindisi, Foggia e Taranto. De todas as regiões italianas, a Apúlia é a que produz maior quantidade de azeite – quase metade da produção do país – e também a que tem maior extensão de olivais (390 mil ha). Esses olivais dominam de tal modo a paisagem que são chamados de "mar verde" pelos habitantes da região.

Uma curiosidade a respeito da Apúlia é que, até o século XVI, os lagares eram subterrâneos, escavados na pedra, pois esta era uma forma de construção mais barata, além de representar uma solução mais conveniente para o armazenamento da colheita. A fachada, que tinha um portal e uma janela, não permitia imaginar, de fora, como era a estrutura do lagar, que ficava a 5 m ou 6 m de profundidade. Para se ter acesso a ele, era necessário descer por uma escada escavada na rocha para chegar ao vão principal, onde ficava a mó, girada por um burro vendado (para evitar tonturas devidas ao lento movimento circular). Em torno do vão principal havia outros menores, que eram usados para o repouso dos operários ou como estábulo para os animais, ou ainda como depósitos: para o azeite já pronto, para as azeitonas que aguardavam processamento ou para as ferramentas.

Para chegar ao depósito, as azeitonas eram colocadas em um canal com 8 m de comprimento, em cuja parte inferior havia aberturas por onde descer os sacos e trocar o ar. Como é preciso manter a temperatura constante, entre 18 °C e 20 °C, e facilitar a extração e a decantação do azeite, que se solidifica a 6 °C, os lagares subterrâneos eram aquecidos por grandes candeeiros, que ardiam ininterruptamente, pela fermentação das azeitonas e pelo calor produzido pelos homens e animais. As pessoas que trabalhavam nesses lagares cozinhavam lá mesmo, em panelas de barro, e raramente saíam, sendo por isso consideradas sujas e toscas pelo resto da população local, que se dedicava, em sua maior parte, ao trabalho nos campos.

A partir de 1800, os lagares subterrâneos foram sendo substituídos, aos poucos, por outros mais modernos. Hoje, os lagares antigos da Apúlia são meras "curiosidades históricas" para serem visitadas por turistas. A verdadeira produção ocorre em lagares com equipamentos modernos e altamente eficientes. Além de abundante, a produção de azeites da Apúlia é de alta qualidade: de fato, a região tem uma grande diversidade de azeites DOP – quatro ao todo – e só é superada, nesse aspecto, pela Sicília.

Hoje, suas DOPs de azeite são:

- DOP Collina di Brindisi – Com a zona de produção limitada ao território de nove municípios da província de Brindisi, para fazer jus a esta DOP o azeite deve também satisfazer às seguintes especificações:

– ser produzido com azeitonas provenientes de olivais em que pelo menos 70% das árvores sejam da variedade ogliarola. Respeitado esse limite, as variedades cellina di Nardò, coratina, frantoio, leccino, picholine ou outras, também difundidas no território da DOP, podem estar presentes, desde que não constituam, isoladamente ou em conjunto, mais do que 30% das árvores do olival;

– ser extraído de azeitonas sãs, colhidas diretamente das árvores por meio de processos mecânicos e físicos; seu processamento, porém, deve ser concluído no prazo de 48 horas após a entrega das azeitonas ao lagar;

– ser de cor entre o verde e o amarelo, ter perfume frutado médio, sabor frutado com ligeiros traços de amargo e de picante e que se adapte bem ao emprego em pratos de peixe ou de carne, verduras e na confecção de pâtisseries.

▨ DOP Dauno – Daunia era o nome dado pelos antigos romanos ao território que hoje forma a província de Foggia, a cuja época remonta a olivicultura da região. Atualmente, distinguem-se na província quatro polos de concentração da atividade olivícola que dão origem às menções geográficas, uma das quais deve obrigatoriamente acompanhar a DOP Dauno: Alto Tavoliere, Basso Tavoliere, Gargano e Sub Appennino. A zona delimitada para a produção de azeites da DOP Dauno compreende a totalidade do território da província de Foggia, que está dividida, porém, de acordo com a menção geográfica. As outras especificações dos azeites de DOP Dauno são:

– devem ser extraídos principalmente de azeitonas dos cultivares peranzana ou provenzale, coratina, ogliarola garganica e rotondella;

– a colheita deve obrigatoriamente ser manual, feita pelo processo de varejadura (*brucatura*, em italiano), até o dia

30 de janeiro de cada ano. Ao chegar ao lagar, as azeitonas já devem estar classificadas por variedade e proveniência, e seu processamento deve ser feito até, no máximo, o terceiro dia após a colheita;

– no momento do consumo, a cor deve variar entre o verde e o amarelo, o perfume deve ser frutado médio, com sensação de frutas frescas e amêndoas doces, e o sabor, frutado médio. Pode haver algumas variações de intensidade, dependendo da menção geográfica.

As melhores aplicações culinárias para os azeites Dauno dependem de sua menção geográfica. O Dauno Basso Tavoliere combina bem com massas, sopas, verduras cozidas e carnes na brasa; já o Dauno Gargano vai melhor com pratos de peixe, verduras cozidas, crustáceos e molhos delicados; o Dauno Alto Tavoliere é apropriado para o molho pinzimonio, para a bruschetta e as saladas em geral; e o Dauno Sub Appennino, de sabor mais doce, é adequado para frituras e para o preparo de massas doces.

■ DOP Terra d'Otranto – O nome desta DOP deriva daquele dado pelos monges de São Basílio à península de Salento, que é a parte mais meridional do "salto da bota italiana" e fica entre os mares Jônico e Adriático. Toda essa região forma um triângulo hipotético que abrange vilas e cidades de várias províncias, cujos vértices são: Santa Maria di Leuca, na província de Lecce, no extremo Sul, Manduria, na província de Taranto, a noroeste, e Oria, na província de Brindisi, a nordeste. O cultivo da oliveira foi introduzido na região pelos fenícios e gregos, que a ocuparam durante muitos séculos. Hoje, a olivicultura é a base da economia regional. A zona de produção da DOP Terra d'Otranto abrange, portanto, todo o Salento, ou seja, todo o território da província de Lecce, a maior parte do território da província de Taranto – excluídos apenas nove municípios e parte do território da cidade de Taranto, a capital –, além do território de doze municípios da província de Bríndisi, inclusive a própria capital.

Assim delimitada essa zona, o azeite de DOP Terra d'Otranto deve satisfazer às seguintes exigências:

– ser produzido com azeitonas provenientes de olivais nos quais pelo menos 60% das plantas sejam das variedades cellina di Nardò e ogliarola (também chamada, localmente, ogliarola leccese ou salentina). Pode haver outras variedades, desde que em proporção inferior a 40%;

– ser obtido de azeitonas colhidas diretamente da planta, até o dia 31 de janeiro de cada ano, e o processo de oleificação deve ser completado dentro do prazo máximo de dois dias após a colheita;

– ser de cor verde ou amarela com reflexos verdes; ter perfume frutado com leve sensação de folha; sabor frutado com ligeira sensação de amargo e picante, o que o torna apropriado para o uso em peixes grelhados, saladas, verduras cozidas e legumes.

DOP Terra di Bari – Está entre as de produção mais abundante em toda a Itália. Sua olivicultura é praticada na área da província de Bari desde o período neolítico, o que faz com que a oliveira seja considerada uma planta típica daquela província, tanto do ponto de vista naturalístico e paisagístico como do histórico, já que está intimamente ligada às tradições locais e ao desenvolvimento do comércio na região. A zona de produção da DOP Terra di Bari se estende ao longo da costa adriática da província de Bari e está delimitada segundo a menção geográfica que deve, obrigatoriamente, acompanhar a DOP: Castel del Monte, Bitonto ou Murgia dei Trulli e delle Grotte. Além de ser obrigatoriamente produzido nessa zona delimitada, o azeite de DOP Terra di Bari deve ter as seguintes características:

– ter prevalência, em sua elaboração, de azeitonas dos cultivares coratina, cima di Bitonto ou cima di Mola. Pode haver uma proporção menor de outras variedades existentes na zona de produção, como, por exemplo, a ogliarola;

- ser proveniente de azeitonas colhidas diretamente das plantas, manual ou mecanicamente, até, no máximo, o dia 30 de janeiro de cada ano. As azeitonas devem passar pelas operações de oleificação dentro do prazo máximo de dois dias após a colheita;

- ter cor verde com reflexos amarelos, perfume frutado intenso e sabor frutado com sensação média de amargo e picante, o que combina bem, portanto, com peixes grelhados, saladas, verduras e legumes cozidos.

BASILICATA

Essa região, antigamente chamada Lucânia, é formada pelas províncias de Potenza e Matera. Fica no Sul da Itália, entre a Campânia, a Calábria e a Apúlia, limitando-se também com dois mares, o Jônico, a sudeste, e o Tirreno, a sudoeste. É uma região pequena, mas tem numerosos microclimas, muitos terroirs e paisagens diferentes, o que permite produzir também uma grande variedade de azeites, em geral muito apreciados tanto no mercado interno quanto nos externos.

A cultura da oliveira, trazida pelos fenícios, é milenar na região, e as áreas com maior vocação olivícola são a bacia do Vulture – de terrenos vulcânicos, onde os olivais são pequenos em virtude das condições orográficas –, o Basento, a costa jônica, a costa de Maratea e as áreas de Muro Lucano e Vietri di Potenza. Entre as variedades mais antigas estão as autóctones angelina, ripolese, palmarola e pizzuto; entre as mais conhecidas estão maiatica de Ferrandina e ogliarola del Vulture, estas últimas encontradas principalmente na província de Matera.

Atualmente há mais cultivares modernos das variedades cultivadas provindas de regiões vizinhas, entre elas ogliarola pugliese, spagnola, rotondella e ogliarola barese. Basilicata ainda não possui nenhuma DOP reconhecida pela União Europeia, mas já há duas delas aguardando aprovação: as DOPs Vulture e Lucano.

CALÁBRIA

É a região do Sul da Itália que forma a "ponta da bota". Como a Basilicata, também fica entre dois mares, o Jônico, a oeste, e o Tirreno, a leste, e está separada da Sicília pelo estreito de Messina. Segundo estudos recentes, a oliveira existe na região desde o século XVI a.C. Na província de Cosenza existe uma colossal oliveira que, segundo contam os habitantes da região, foi plantada pelos gregos que ali desembarcaram para escapar da perseguição de Ciro, o Grande, rei da Pérsia que reinou entre 539 a.C. e 529 a.C.

Formada pelas províncias de Cosenza, Catanzaro, Crotone, Reggio Calábria e Vibo Valentia, a Calábria, entre todas as regiões da Itália, é a segunda maior produtora de azeite. O território calabrês é, em geral, montanhoso e pobre, mas seu microclima é excelente para a cultura da oliveira, importantíssima para a região. Os olivais que caracterizam grande parte da paisagem regional não só lhe conferem uma beleza incomparável, como contribuem, em alguns lugares, para a manutenção de ecossistemas de grande relevância.

Coexistem na Calábria dois tipos de olivicultura: a tradicional, mais difundida no interior cheio de colinas, e a moderna, praticada intensivamente nas planícies irrigadas por empresas especializadas. Além disso, na década de 1990 verificou-se um aumento do número de empresas de produtos orgânicos que objetivam conseguir produtos de alta qualidade. Além das muitas variedades autóctones (carolea, cassanese, roggianella, grossa di Gerace, dolce di Rossano, ottobratica e sinopolese), também foram introduzidos cultivares vindos de outras regiões, como frantoio, leccino, nocellara del Belice, nocellara de Messina, coratina e outros.

As DOPs calabresas são três:

- DOP Alto Crotonese – Área delimitada de produção que inclui os municípios de Castelsilano, Cerenzia, Pallagorio, San Nicola dell'Alto Savelli e Verzino, todos na província de Crotone, onde há indicações de que o cultivo da oliveira tenha existido desde 2000 a.C., mais tarde desenvolvido e aperfeiçoado por monges da Ordem de São Basílio, provenientes da Grécia. Depois de atravessar, ao longo da história, muitas fases alternadas de desenvolvimento e estagnação, nos últimos cinquenta anos a olivicultura da região ganhou um novo vigor, atingindo grande desenvolvimento e propiciando a valorização das terras, pouco adequadas para quaisquer outros tipos de cultura. Além de ser inteiramente produzido na área designada, o azeite de DOP Alto Crotonese deve:

- ser proveniente de olivais constituídos por pelo menos 70% de plantas da variedade carolea; os restantes 30% podem ser, isolada ou conjuntamente, formados pelos cultivares pennulara, borgese, leccino, tonda di strongoli e rossanese;

- ser elaborado a partir de azeitonas colhidas diretamente da planta, manual ou mecanicamente, até, no máximo, o dia 31 de dezembro de cada ano, e moídas dois dias após a colheita;

- a cor deve ficar entre o amarelo-palha e o verde-claro; o perfume deve ser delicado e o sabor, leve e sutil. Seu uso é recomendado para ragus de peixe ou de carne.

DOP Bruzio – Deve ser acompanhada, obrigatoriamente, por uma das seguintes menções geográficas: Fascia Prepollinica, Valle Crati, Colline Joniche Presilane e Sibaritide. A zona de produção designada fica na província de Cosenza e varia de acordo com a menção geográfica, abrangendo, no total, toda a área limitada, ao norte, pelo sopé das montanhas polínicas, a oeste, pela cadeia apenínica, ao sul, pelo limite meridional da província, e, a leste, pelo mar Jônico. Além de ser produzido na área designada, o azeite de DOP Bruzio deve satisfazer às seguintes exigências:

- ser produzido a partir de azeitonas dos cultivares tondina, grossa di Cassano, carolea, rossanese ou dolce di Rossano, colhidas quando tiverem já atingido um bom grau de maturação;

- ter cor entre o verde e o amarelo, perfume entre frutado e frutado médio e sabor frutado, o qual, conforme a menção geográfica, pode ser acompanhado de uma sensação de amargor ou de amêndoa doce. Os azeites DOP Bruzio combinam bem com as entradas regionais calabresas, os peixes grelhados e as verduras cozidas.

- DOP Lametia – O termo indica uma área geográfica que antigamente se chamava Lacônia e fazia parte da Magna Grécia. As azeitonas destinadas ao azeite com esta Denominação de Origem Protegida devem ser produzidas na província de Catanzaro, nos territórios olivícolas da planície de Lamezia Terme, que se prestam à produção de azeites com as características e o nível qualitativo exigidos pela regulamentação a respeito. Esses territórios incluem, total ou parcialmente, as áreas de nove municípios daquela província. Além da delimitação geográfica da área de produção, as exigências para que se possa atribuir ao azeite a DOP Lametia são:

  – pelo menos 90% dos olivais destinados à produção do azeite devem ser constituídos por plantas da variedade carolea; as outras variedades não podem ultrapassar a proporção máxima de 10%;

  – as azeitonas devem ser colhidas manualmente, antes do dia 15 de janeiro, e processadas, no máximo, doze horas depois de colhidas;

  – a cor deve ficar entre o verde e o amarelo-palha, o perfume frutado médio acentuado e o sabor frutado, combinando bem com saladas e pratos à base de peixe.

Além dessas DOPs já reconhecidas pela União Europeia, a Calábria tem outras três: Marchesato di Crotone, Geracese[2] e Presila Catanzarese, que estão em processo de reconhecimento.

---

[2] O Ministério da Agricultura italiano solicitou a mudança do nome desta DOP para Lacride, denominação que permite incluir as zonas produtoras de Conca degli Ulivi e dello Stretto.

Campânia

Essa é a região do Sul da Itália cuja capital é Nápoles. Fica às margens do mar Tirreno, com o qual se limita a oeste e a sudoeste, e é a região do país com maior densidade populacional, embora seja a segunda em número de habitantes, depois da Lombardia.

Formada pelas províncias de Avellino, Benevento, Caserta, Nápoles e Salerno, a Campânia ocupa o terceiro lugar entre as regiões italianas que mais produzem azeite, superada nesse aspecto somente pela Apúlia e pela Calábria. A região se orgulha de suas antiquíssimas zonas de produção: o cultivo da oliveira foi trazido pelos gregos, que colonizaram o Sul da Itália entre os séculos VIII a.C. e V a.C., formando a Magna Grécia. Os gregos também trouxeram seus deuses, que, mais tarde, ganharam na Itália nomes latinos. Na península de Sorrento foi erguido um grande templo, tão importante quanto o Partenon de Atenas, dedicado à Minerva – identificada à deusa grega Atena –, a quem os atenienses atribuíam a dádiva da oliveira.

Os peregrinos vindos de toda parte adquiriam azeite para queimar no altar da deusa, contribuindo com isso para a difusão do cultivo da oliveira. Mas somente mais tarde, com os romanos, a olivicultura da região chegou à sua maior expansão na Antiguidade. No geral, o azeite campaniense apresenta o perfume típico das ervas mediterrâneas e gosto rico e frutado. Os extravirgens produzidos na região são de excelente qualidade, com características muito típicas – como o perfume próprio das ervas mediterrâneas e gosto rico e frutado – que se devem à grande quantidade de cultivares autóctones – cerca de oitenta! Não é à toa que já foram atribuídas três DOPs aos azeites da região, além dos quatro – Sannio Colline Beneventane, Sannio Caudino Telesino, Ufita e Irpinia – que estão aguardando reconhecimento por parte da União Europeia.

- DOP Cilento – A região de produção é o Cilento, uma zona da província de Salerno onde os olivais chegam até a beira do mar, e são antiquíssimos. É de aproximadamente 1.200 anos a idade média de suas plantas, a maioria da variedade pisciottana, introduzida pelos gregos e muito bem adaptada àquela zona, cujo terreno é árido e frequentemente castigado por ventos "salgados", vindos do mar. O Cilento inclui todo o território administrativo de 61 municípios da província, dos quais os mais conhecidos são Agropoli, Castellabate, Pisciotta, Sapri e Vallo della Lucania. Além da delimitação geográfica da zona de produção, para fazer jus à DOP Cilento o azeite deve:

- ser proveniente de olivais formados, isoladamente ou em conjunto, por pelo menos 85% de árvores dos cultivares pisciottana, rotondella, ogliarola (ou uogliarola), frantoio, salella, leccino. Outras variedades podem estar presentes, desde que em proporção inferior a 15%;

- ser extraído, mecânica ou fisicamente, de azeitonas colhidas diretamente da planta, manual ou mecanicamente, até o dia 31 de dezembro de cada ano, e moídas até o segundo dia depois da colheita;

- ter, no momento do consumo, as seguintes características: cor entre o verde e o amarelo-palha, que pode ser mais ou menos intenso, perfume frutado médio ligeiro e sabor frutado, com uma sensação leve ou média de amargo e de picante. Isso o torna apropriado para o emprego em peixes grelhados, verduras cozidas e legumes.

- DOP Colline Salernitane – A zona de produção inclui todo o território de 72 municípios da província de Salerno, entre eles a própria capital, além de parte do território de outros cinco municípios. A olivicultura da região tem raízes antiquíssimas, pois deriva de variedades autóctones que sempre estiveram presentes. Desde a época dos romanos, o clima ameno e as características edafoclimáticas vêm favorecendo o cultivo organizado, o que faz do azeite local um produto muito apreciado, além de economicamente importante. Além das condições quanto à área de produção, o azeite DOP Colline Salernitane deve:

- ser proveniente de olivais formados por pelo menos 65% de plantas dos cultivares rotondella, frantoio e carpellese (ou nostrale); os 35% restantes devem ser constituídos pelas variedades ogliarola e leccino;

– ser obtido de azeitonas colhidas diretamente da planta até o dia 31 de dezembro de cada ano, e processadas até, no máximo, o dia seguinte ao da colheita;

– ser de cor entre o verde e o amarelo-palha mais ou menos intenso, ter perfume frutado médio alto e sabor frutado com sensação média ou sutil de amargo, além de um ligeiro traço picante, para que fique adequado para o emprego em sopas de legumes, grelhados de peixe e pratos regionais da Campânia.

■ DOP Penisola Sorrentina – A área de produção delimitada consiste na península Sorrentina e na ilha de Capri, que ficam na província de Nápoles, incluindo todo o território de onze municípios (entre eles Sorrento, Capri e Anacapri), além de parte do território de Castellamare di Stabbia. Esse azeite é um pouco mais ácido que os outros azeites da região, e suas características especiais derivam não somente do clima ameno e das condições peculiares do solo vulcânico, mas também dos cultivares autóctones que existem somente em sua zona de produção. Além da produção completamente feita na zona delimitada, são as seguintes as exigências para atribuir a um azeite extravirgem a DOP Penisola Sorrentina:

– ser proveniente de olivais formados por pelo menos 45% de plantas dos cultivares ogliarola ou minucciola, e, no máximo, 35% dos cultivares rotondella, frantoio ou leccino (isoladamente ou em conjunto). Os outros 20% podem ser constituídos por plantas de outras variedades existentes na zona;

– ser produzido com azeitonas colhidas diretamente da planta até o dia 31 de dezembro de cada ano, e processadas no dia seguinte ao da colheita;

– ser de cor entre o verde e o amarelo-palha mais ou menos intenso, ter perfume frutado e sabor frutado médio, com sensação leve ou média de amargo e ligeiros traços picantes. Seu uso é recomendado para os pratos típicos tradicionais da Campânia.

Emília-Romanha

Essa região fica no Norte da Itália, e resulta da reunião de duas regiões históricas: a Emília, na qual ficavam as províncias de Bolonha, Ferrara, Piacenza, Parma, Reggio Emília e Módena, e a Romanha, formada pelas províncias de Ravenna, Rímini e Forlì-Cesena. É uma região bem extensa, que fica entre o Vêneto e a Lombardia, ao norte, a Toscana e a República de San Marino, ao sul, a Ligúria e o Piemonte, a oeste, e o mar Adriático, a leste. Ali existem diversas variedades autóctones (rossina, ghiacciola, nostrana de Brisighella, colombina), o que prova que a olivicultura existe desde tempos pré-históricos. Desenvolveu-se bastante durante o Império Romano, a cuja queda sobreviveu (ao contrário do que ocorreu em outras regiões), e difundiu-se ainda mais a partir da Alta Idade Média.

Apesar de ter clima menos agradável do que o das regiões do Sul do país, a área se presta bem ao cultivo da oliveira e produz excelentes azeites, a que já foram atribuídas duas DOPs:

- DOP Brisighella – Zona de produção delimitada que inclui, no todo ou em parte, o território de quatro municípios da província de Ravenna e um que fica na província de Forlì. Além dessa restrição quanto à zona de produção, para fazer jus à DOP Brisighella o azeite deve atender às seguintes exigências:
  - ser proveniente de olivais com pelo menos 90% das plantas da variedade nostrana de Brisighella. Pode haver um máximo de 10% de outras variedades;
  - ser elaborado a partir de azeitonas colhidas diretamente das árvores, entre os dias 5 de novembro e 20 de dezembro de cada ano, e todo o processo de oleificação deve se completar quatro dias subsequentes ao da colheita;
  - ter cor verde-esmeralda com reflexos dourados, perfume frutado vegetal médio ou forte, com uma nítida sensação

de odor de ervas, como o da salsinha, ou de verduras, e sabor frutado, com retrogosto ligeiramente amargo e uma sensação leve ou média de picante, para que seu uso possa ser recomendado em ragus de peixe ou carne e pratos à base de peixe em geral.

- DOP Colline di Romagna – Zona de produção que delimita os territórios de alguns municípios das províncias de Rímini e Forlì-Cesena. Possui as seguintes exigências para a atribuição da DOP:

  – deve ser produzido com 60% das plantas da variedade correggiolo. O restante, ou seja, 40%, pode ser completado com as azeitonas das variedades leccino, pendolino, moraiolo e rossina, contanto que haja predominância da variedade leccino;

  – as azeitonas devem ser colhidas diretamente da planta (evitando seu contato com o solo), no período compreendido entre 20 de outubro e 15 de dezembro de cada ano. Seu processo de extração deve ser completado em, no máximo, dois dias depois da colheita;

  – a cor deve estar entre o verde e o amarelo-ouro, o perfume deve ser frutado, de azeitona, com intensidade de média a intensa, e o sabor frutado de azeitona, com leve retrogosto amargo ou picante, o que o torna apropriado para o emprego em grelhados de carne, verduras e legumes cozidos.

Friúli-Veneza-Júlia

Essa região, cuja capital é Trieste, fica no extremo Nordeste da Itália. Seu litoral, o mar Adriático, com o qual a região se limita ao sul, fica em frente ao litoral do Vêneto. A área do Friúli compreende as províncias de Údine e Pordenone, além da parte ocidental da província de Gorizia, cuja parte leste, com a província de Trieste, faz parte da Veneza-Júlia italiana.

Na Antiguidade, a olivicultura foi muito difundida nessa região, onde existem muitas variedades autóctones, das quais a mais conhecida é a bianchera. Entretanto, depois da queda do Império Romano e das invasões dos bárbaros, o cultivo das oliveiras praticamente desapareceu da região, tendo sido retomado há alguns anos nas zonas dos Colli Orientali, do Collio e do Carso, onde é muito favorecido pelo microclima temperado. Além da bianchera, prevalecem nos novos olivais da região as variedades leccio del Corno, buka, gentile di Rosazzo e carbona, que já ali estavam, provavelmente renascidas de antigas plantas-mães. Há também cultivares trazidos da Itália central, como o casaliva, o leccino e o favarol.

Mais recentemente, vêm se destacando os azeites produzidos na província de Trieste, que é a menor província da Itália, constituída por uma estreita faixa litorânea com cerca de 30 km de comprimento, medindo entre 5 km e 10 km de largura e com apenas seis municípios. Nessas condições, é natural que a produção de azeite da província seja de volume pouco expressivo, mas sua qualidade é excelente, tanto que a União Europeia já reconheceu a DOP Tergeste, cuja zona de produção abrange todo o território dos seis municípios da província de Trieste (cujo nome latino era *Tergeste*).

- DOP Tergeste – São essas as características exigidas pela União Europeia para que se possa atribuir a um azeite essa DOP:
  - devem prevalecer na sua elaboração as variedades belica ou bianchera, em percentual de pelo menos 20%; o restante pode ser constituído, isoladamente ou em conjunto, pelas variedades carbona, leccino, leccio del Corno, frantoio, maurino e pendolino;
  - o processo de oleificação deve ser efetuado nas 36 horas que se seguem à chegada ao lagar das azeitonas, que devem ser armazenadas em lugares suficientemente arejados;
  - no momento do consumo, o azeite deve ter cor ouro-esverdeada, perfume frutado médio, com traços de amêndoa, e sabor frutado acentuado e picante, com leves traços de amargo.

Recomenda-se o uso do azeite DOP Tergeste em carnes assadas na chapa ou no espeto, cozidos de carnes e verduras, polentas e sopas de legumes.

LÁCIO

É a região da Itália central cuja capital é Roma. Além da província de mesmo nome, abrange outras quatro: Frosinone, Latina, Rieti e Viterbo. Graças às suas excelentes condições edafoclimáticas e à profusão de águas, as terras do Lácio sempre mostraram vocação olivícola.

O cultivo da oliveira na região é antiquíssimo. Tem início com os etruscos, ainda em tempos pré-históricos. Dizem, a propósito, que a oliveira mais antiga da Europa é uma que se encontra em Canneto Sabino, ainda em plena produção. Mais tarde, com a contribuição dos gregos e posteriormente com a dos romanos, a região ganhou olivais por toda parte. Estima-se que, na Roma imperial, o consumo de azeite chegava a 22,5 t/ano. Com a queda do Império, a sobrevivência da olivicultura se deveu aos monges beneditinos, que receberam doações de terrenos dos longobardos e dos normandos. Além deles, O Estado Pontifício, ao qual o Lácio pertenceu até quase o final do século XIX, também favoreceu o desenvolvimento dessa cultura, chegando a instituir um prêmio em dinheiro para quem plantasse uma oliveira e cuidasse dela por um ano e meio.

Atualmente, o Lácio tem uma produção olivícola de volume considerável e de muito boa qualidade. Há na região duas DOPs já reconhecidas pela União Europeia, além de outras cinco – Castelli Romani, Colli di Tivoli, Colline Pontine, Soratte e Terre di Ciociaria – em processo de reconhecimento. As DOPs já reconhecidas são:

- DOP Canino – Com zona de produção localizada entre o lago Trasimeno e a Maremma, inclui o território completo de seis municípios da província de Viterbo, além de parte de outros dois. As exigências para que se possa atribuir a um azeite a DOP Canino são:
  - os olivais que produzem as azeitonas devem ser constituídos de pelo menos 95% de plantas das variedades caninese (que inclui alguns clones derivados), leccino, pendolino, maurino e frantoio. Pode haver um máximo de 5% de outras variedades que ocorram na zona de produção;

- a colheita deve ser feita diretamente da planta, no período compreendido entre os dias 20 de outubro e 15 de janeiro de cada campanha, e o processo de oleificação deve ocorrer no prazo máximo de dois dias depois da colheita;

- a cor do produto final deve ser verde-esmeralda com reflexos dourados, o perfume deve ser frutado, lembrando o da azeitona sadia e fresca, em ponto ótimo de maturação, e o sabor deve ser acentuado, com retrogosto amargo e picante, combinando bem com verduras cruas e sopas.

■ DOP Sabina – Primeira denominação de origem protegida italiana a ser reconhecida pela União Europeia, em 1995. Sua produção de azeite já era famosa à época do Império Romano.

A zona de produção designada compreende, no todo ou em parte, os territórios administrativos de 32 municípios da província de Rieti, e outros doze da província de Roma. Além da restrição quanto à área de produção, para fazer jus à DOP Sabina o azeite deve satisfazer às seguintes exigências:

- as azeitonas para sua produção devem ser provenientes de olivais onde pelo menos 74% das árvores sejam de uma ou mais das seguintes variedades: carboncella, leccino, raja, frantoio, moraiolo, olivastrone, salviana, olivato e rosciola. É permitido também o uso de outras variedades presentes no olival, desde que em proporção inferior a 25%;

- a colheita deve ser feita a partir do início da mudança de cor das azeitonas (que se chama *invaiatura*, em italiano), em um período estabelecido anualmente pela administração regional do Lácio, e as azeitonas devem ser lavadas à temperatura ambiente, sendo vedado o emprego de qualquer outro tratamento. O processo de oleificação deve ocorrer em, no máximo, dois dias após a colheita dos frutos;

- o produto final deve ser de cor amarelo-ouro, com nuanças verdes, quando o azeite ainda estiver muito fresco; o perfume deve ser frutado e o sabor frutado, aveludado e uniforme, aromático e doce, com traços amargos no azeite ainda "jovem".

Os azeites DOP Sabina são os mais apropriados para o preparo de pratos típicos da província de Rieti, dos quais o mais famoso é o spaghetti alla Matriciana.

LIGÚRIA

Essa é uma das regiões do Noroeste da Itália cuja capital é Gênova. Além da província que leva o nome de sua capital, compreende também as de Impéria, La Spezia e Savona. É limitada, ao sul, pelo mar da Ligúria ao norte, pelo Piemonte e Emília-Romanha, a leste, pela Toscana e, a oeste, pela França. É constituída por uma faixa de terra relativamente estreita em relação ao comprimento de seu litoral. Assim, de um lado, toda a região está bastante próxima ao mar e, do outro, é protegida pelas montanhas, situação que a beneficia com um clima excepcionalmente ameno e faz dela um verdadeiro paraíso para as oliveiras, além de dar a seus terroirs certas características especiais que conferem uma forte tipicidade aos azeites ali produzidos.

Há controvérsias quanto à origem histórica da olivicultura na Ligúria. Alguns dizem que seus primeiros habitantes, os lígures, cultivavam o zambujeiro antes mesmo dos romanos, mas o historiador Estrabão[3] afirma que essa tribo importava o azeite de oliva de outras áreas. Há também quem diga que a planta somente chegou à região quando os cruzados a trouxeram do Oriente, ao voltar da Terra Santa. Entretanto, pesquisas históricas recentes indicam que seu cultivo organizado, e em maior escala, foi introduzido ali pelos monges beneditinos da Abadia de Taggia, na Idade Média, por volta dos séculos III e IV, embora haja traços da presença de oliveiras desde 3000 a.C. Contudo, a partir do século XVI a olivicultura da região iniciou um processo de grande desenvolvimento, o que fez com que, no século seguinte, o comércio de azeite se tornasse uma de suas principais atividades econômicas.

Acontece que 66% da superfície da Ligúria é tomada por montanhas e 34% por colinas, de modo que a área cultivável, limitada às escarpas

---

[3] Historiador, geógrafo e filósofo grego, Estrabão (63 a.C.-*c*. 24 d.C.) tornou-se conhecido por seu livro *Geographia*, que tem dezessete volumes.

que descem para o mar, é relativamente escassa e bastante íngreme. Por causa disso, sempre foi necessário planejar bem o seu uso, limitando a atividade agrícola a poucas culturas selecionadas entre as que dão os melhores resultados do ponto de vista econômico-financeiro. É por essa razão que, entre os séculos XVII e XIX, os vinhedos e as culturas de cereais da região foram substituídos por olivais, transformando sua paisagem agrícola. Portanto, não é sem razão que, observando o esforço dos agricultores da Ligúria para aumentar a área disponível para a olivicultura, Montesquieu[4] escreveu: "Os genoveses estão cortando os bosques para dar lugar aos olivais".

Hoje, a olivicultura é um dos mais importantes sustentáculos da economia local. A variedade mais difundida na região é a famosa taggiasca – nome que deriva de Taggia, a abadia beneditina que deu origem ao seu cultivo. Há também as autóctones lizona, morino, olivana e razzola, típicas da província de Savona, e colombaia e pignola, da província de Imperia.

As províncias de Savona e de Impéria têm seis "cidades do azeite" (em italiano, *città dell'olio*) que são percorridas por dois "roteiros do azeite" diferentes. O azeite mais característico dessa zona, conhecido como Biancardo, é obtido da colheita tardia de azeitonas bem maduras, por isso é frutado e muito fluido, como a maior parte dos azeites lígures. Mais para o leste, na chamada Riviera del Levante, que compreende parte dos territórios administrativos das províncias de La Spezia e Gênova, a produção é menor em volume, mas de altíssima qualidade. Nos arredores de La Spezia, as variedades mais encontradas são lantesca e olivastrone. Mais para o norte, na província de Gênova, onde fica a "cidade do azeite" de Sestri Levante, os cultivares autóctones são pignola, rossese e lavagnina. Como é uma região relativamente pequena em extensão, cujos azeites guardam alguma semelhança entre si, somente uma DOP foi definida pela União Europeia para a Ligúria, distinguindo-se as zonas de proveniência pela menção geográfica que deve, obrigatoriamente, acompanhar a seguinte denominação:

---

[4]   Charles-Louis de Secondat, barão de Montesquieu (Brède, 1689 – Paris, 1755), escritor e filósofo francês.

DOP Riviera Ligure – Sua área de produção compreende todo o litoral da Ligúria e abrange parte do território de todas as suas províncias: Impéria, Savona, La Spezia e Gênova. De acordo com a área específica de proveniência, foram definidas três menções geográficas que devem necessariamente acompanhar a denominação: Riviera dei Fiori, para os azeites da província de Impéria; Riviera del Ponente Savonese, para os da província de Savona; e Riviera del Levante, para os das províncias de Gênova e La Spezia.

As principais exigências e características dos azeites dessa denominação:

- devem ser obtidos de azeitonas das variedades taggiasca, lavagnina, razzola e pignola, em percentuais que diferem conforme a menção geográfica que acompanha a denominação, embora a taggiasca prevaleça em todos os casos;

- as azeitonas destinadas à sua produção devem ser colhidas até o dia 30 de janeiro de cada ano, e sua lavagem à temperatura ambiente é o único tratamento permitido antes do processo de oleificação, que deve ser efetuado nas 36 horas seguintes à chegada das azeitonas ao lagar;

- a cor deve estar entre o amarelo e o verde-claro; o perfume, frutado, de intensidade entre ligeira e média; e o sabor, frutado com sensação de doce.

São apropriados para emprego em antepastos, no molho pesto e em massas doces (*pasticceria*, em italiano).

LOMBARDIA

Uma das poucas regiões italianas que não tem áreas litorâneas, fica na parte norte-ocidental do país, e sua capital é Milão. Limita-se, ao norte, com a Suíça, ao sul, com a Emília-Romanha, a oeste, com o Piemonte e, a leste, com o Vêneto e o Trentino-Alto Ádige. É a mais industrializada e populosa de toda a Itália, e tem, atualmente, doze províncias. As zonas mais favoráveis à cultura da oliveira, graças à existência de diversos microclimas, são as proximidades dos lagos de Garda e Iseo e os arredores dos lagos de Como e Maggiore. Prevalecem as variedades leccino e moraiolo, além das autóctones casaliva e gargnà. Junto ao lago Iseo encontram-se os cultivares casaliva, pendolino, moraiolo, leccino e frantoio, que produzem um azeite de cor topázio-esverdeada, com perfume de avelã e frutas secas. A União Europeia reconheceu a excelência dos azeites lombardos atribuindo-lhes duas DOPs:

- DOP Laghi Lombardi – Essa zona de produção abrange municípios de quatro províncias: Bréscia, Bérgamo, Como e Lecco. Conforme a proveniência específica, a denominação deve ser acompanhada por uma menção geográfica: Sebino, para os azeites produzidos nas províncias de Bréscia e Bérgamo, nas proximidades do lago de Iseo (cujo antigo nome era, justamente, Sebino), ou Lario, para os produzidos nas províncias de Como e Lecco, nos arredores do lago de Como (também chamado Lario). Além da produção inteiramente feita na zona delimitada, são os seguintes os requisitos de produção e características dos azeites desta DOP:

  - predominam as variedades leccino, frantoio e casaliva, porém os azeites Laghi Lombardi Sebino usam também as variedades pendolino e sbresa;

  - todo o processo de fabricação do azeite deve ser efetuado três dias subsequentes à colheita das azeitonas, que deve ser feita diretamente da planta até o dia 15 de janeiro de cada ano;

  - o produto final deve ter cor entre o verde e o amarelo, perfume frutado médio ou ligeiro e sabor frutado com leve sensação de amargo e picante. Esse azeite é apropriado para o emprego em antepastos, pratos à base de peixe e pâtisseries.

- DOP Garda Bresciano e DOP Garda Orientale – O lago de Garda, em cujas margens fica a zona de produção da DOP Garda, é o maior da Itália, e banha províncias de três regiões: Lombardia, Vêneto e Trentino-Alto Ádige. A menção geográfica Bresciano especifica os azeites desta DOP produzidos em 27 municípios da província de Bréscia, na Lombardia, e a menção Orientale aos produzidos em seis municípios da província de Mântua, além de mais onze na província de Verona, da região do Vêneto. São os seguintes os demais requisitos de produção e características desses azeites:

- o Garda Bresciano deve ser produzido com azeitonas de olivais onde pelo menos 55% das plantas sejam de uma ou mais dentre as variedades casaliva, frantoio e leccino; na produção do Garda Orientale, pelo menos 50% das azeitonas devem ser da variedade casaliva ou drizzar. O restante deve ser das variedades lezzo, favarol, rossanel, razza, fort, morcai, trepp e pendolino;

- todo o processo de oleificação deve ser efetuado até o quinto dia a contar da colheita das azeitonas, que deve ser feita diretamente da planta até o dia 15 de janeiro de cada ano;

- no caso do Garda Bresciano, o produto final deve ter cor entre o verde e o amarelo, perfume frutado médio ou ligeiro e sabor frutado médio com leve sensação de amargo e picante. Já o Garda Orientale deve ser de cor verde, entre intensa e acentuada, com pequenas variações do componente amarelo, ter perfume frutado ligeiro e sabor frutado com sensação de amêndoa doce. Como os outros azeites lombardos, o Garda DOP também é apropriado para o emprego em antepastos, pratos à base de peixe e doces de massa.

MARCAS

Essa região, chamada Marche, em italiano, fica na parte central da Itália, sobre o mar Adriático (quer dizer, na parte de trás do cano da "bota italiana"). Além do mar, a leste, limita-se, ao norte, com a Emília--Romanha, a noroeste, com a Toscana e a República de San Marino, a sudoeste, com a Úmbria, a sudeste, com o Lácio e os Abruzos. Compreende cinco províncias: Ancona, que é também sua capital, Áscoli Piceno, Pesaro e Urbino, Macerata e Fermo.

A olivicultura da região, embora antiga, passou por muitas vicissitudes. Depois da queda do Império Romano e das invasões bárbaras que causaram o abandono e a destruição de muitos olivais, a olivicultura da região passou a ser exclusividade das ordens religiosas, que reconstituíram os olivais e em seguida os arrendaram aos agricultores, em troca de um pagamento em dinheiro ou de uma parte da produção. Na verdade, durante muitos séculos, até o início da década de 1980, praticamente não se viam na região olivais propriamente ditos, apenas algumas oliveiras plantadas em pequenas áreas, cujos proprietários produziam azeite somente para consumo familiar. A partir da década de 1990, algumas instituições regionais levaram a cabo vários projetos para desenvolver a olivicultura e valorizar sobretudo as variedades autóctones, que haviam sido suplantadas pelas comuníssimas frantoio e leccino. O esforço deu resultado! Um exemplo disso é o que ocorreu na cidadezinha de Cartoceto, na província de Pesaro e Urbino, onde, até 1983, havia somente um lagar e, hoje, existem cinco, todos em plena atividade. Os cultivares mais propagados na região são: rosciola, raggiola e carboncella, com frantoio, moraiolo, maurino, leccino e pendolino. Menos conhecidas são as variedades sargano, laurina, lea, nebbia, piantone di Macerata e piantone di Falerone, esta última uma variedade antiga que até hoje se distingue pela excelente produtividade. Na província de Macerata existem ainda os cultivares mignola, coroncina, piantone di Mogliano e orbetana.

Há na região uma grande variedade de azeites: o extravirgem produzido ali, com azeitonas frantoio e leccino, é verde-claro, perfumado mas pouco frutado, se comparado a azeites das mesmas variedades produzidos em outras áreas. Isso acontece por causa da influência do fortíssimo vento boreal que sopra de norte para noroeste e penetra nos vales que descem em direção ao mar. O azeite extravirgem extraído na província de Ancona, das azeitonas carboncella, raggiola e frantoio, é verde-claro e tem um tênue perfume de avelã e palha, mais intenso e perfumado na boca. Com as azeitonas de Áscoli produz-se um azeite amarelo-esverdeado, de perfume delicado e sabor vegetal que tende ao doce.

A cidadezinha de Cartoceto, como dissemos, não só teve um grande aumento de produção como também é membro fundadora da Associazione Nazionale Città dell'Olio (Associação Nacional das Cidades do Azeite), tanto que obteve, em 2004, o reconhecimento de uma DOP com o seu nome:

- DOP Cartoceto – Zona de produção limitada ao território dos municípios de Cartoceto, Saltara, Serrungarina, Mombaroccio e Fano, todos na província de Pesaro e Urbino. Os demais requisitos e características desta DOP são:
  - produção de azeite somente com azeitonas das variedades raggiola, frantoio, leccino, raggia, moraiolo e pendolino;
  - cor verde com reflexos amarelo-ouro, perfume frutado com ligeira sensação herbácea e sabor harmônico e equilibrado. É bastante apropriado para o emprego em torradas, crostini e pratos à base de bacalhau.

MOLISE

O Molise, cuja capital é Campobasso, é uma região que fica no Sul da Itália, entre os Abruzos, ao norte, a Campânia, ao sul, o Lácio, a oeste, o mar Adriático, a nordeste, e a Apúlia, a sudeste. A região é formada por duas províncias, Campobasso e Isérnia, e sua produção olivícola se concentra no vale do rio Biferno, onde predomina uma variedade local chamada gentile di Larino, nome da cidade da província de Campobasso, o mais importante centro de produção. Sem contar que a oliveira, introduzida na região por Marco Licínio, no século VI a.C., é parte integrante da cultura, da paisagem e das tradições de todo o Molise, que se orgulha de produzir azeites de qualidade tanto no litoral como nas áreas mais internas, mesmo em altitudes elevadas.

De fato, a fama de excelente qualidade do azeite do Molise é muito antiga: em seu *De oleo*, o escritor romano Plínio, o Velho, o declarou "o melhor entre os melhores". O azeite extraído da variedade gentile di Larino tem cor verde delicada, com reflexos amarelos, é também delicado ao olfato, macio e redondo na boca e caracteristicamente frutado, com indícios de amêndoa doce no final.

Porém, podem ainda ser encontradas na região do Molise cerca de quarenta variedades de azeitonas: além das comuns da Itália central – leccino, moraiolo e frantoio –, ocupam papel relevante os cultivares autóctones. Entre os mais conhecidos estão nera di Colletorto, noccioluta di San Giuliano di Puglia, aurina, cerasa di Montenero, salegna di Larino, rosciola di Rotello, spagnuola, olivastra, sperone di gallo e paesana. Enfim, os azeites do Molise são de qualidade tão reconhecida que todo o território da região foi incluído na zona de produção da DOP Molise, cujos requisitos de produção e características são os seguintes:

- pelo menos 80% das plantas dos olivais de onde provêm as azeitonas usadas em sua elaboração devem ser das variedades aurina, gentile di Larino, nera di Colletorto e leccino. Os 20% restantes são formados por outras variedades autóctones, como paesana bianca, sperone di gallo, olivastro e rosciola;

- a colheita das azeitonas deve ser feita no início da mudança de cor, por métodos manuais e mecânicos que evitem, de qualquer forma, o contato das frutas com o solo; e a moagem deve ocorrer 48 horas subsequentes à colheita;

- o produto final deve ter cor entre o amarelo e o verde, com perfume frutado pronunciado e sabor frutado, com um traço delicado de amargo picante. Adapta-se bem ao emprego em sopas, caldos – especialmente os típicos da região – e pratos à base de peixe.

Sardenha

A Sardenha, cuja capital é Cagliari, é uma das duas regiões insulares da Itália, com a Sicília. Dividida atualmente em oito províncias, das quais quatro já são antigas – Cagliari, Nuoro, Oristano e Sássari – e quatro obtiveram autonomia em 2001 – Olbia-Tempio, Medio Campidano, Carbonia-Iglesias e Ogliastra –, a Sardenha fica no centro do Mediterrâneo, ao sul da Córsega; é separada das ilhas Baleares, a oeste, pelo mar da Sardenha; da Tunísia, ao sul, pelo canal da Sardenha; e da parte continental da Itália, a leste, pelo mar Tirreno.

A tradição olivícola sarda remonta à época dos fenícios, que difundiram a oliveira por todo o Mediterrâneo. De lá para cá, teve períodos alternados de vigor e de inércia, em consequência das diferentes medidas tomadas pelas várias dominações estrangeiras a que esteve submetida. Por exemplo, durante as guerras púnicas, os cartagineses obrigaram os agricultores sardos a substituir as oliveiras por cereais. Já os governadores pisanos trataram de estimular a produção do azeite, como mais tarde fizeram também os espanhóis. Na localidade de S'Ortu Mannu, há um parque de oliveiras que abriga centenas de exemplares plantados entre os séculos XVI e XVII. Um deles é realmente excepcional, pois tem mais de 15 m de circunferência na base.

Hoje a olivicultura sarda está em pleno desenvolvimento, e, em algumas províncias, é o pilar que sustenta a economia local. Os azeites da zona de Campidano são extraídos dos cultivares tonda, bianca di Cagliari e pizz'e carroga. Tanto estes quanto os da província de Nuoro são de boa qualidade, fragrantes, com gosto pleno e redondo, derivados das variedades tonda e bella. Entretanto, é na província de Sássari que se encontra o melhor azeite da ilha. Obtido da variedade bosana, também chamada tonda di Sassari, esse azeite lembra o toscano e é frutado, intenso, com sabores vegetais. Nas encostas do monte Ferru encontram-se o cultivar terza e muitos outros, típicos da região: nera di Gonnosfanadiga, olianedda, ceresia, semidana, nero di Villacidro, pezza de quaddu, etc., que dão diversos tipos de azeite, todos de alta qualidade. No entanto, a Sardenha não possui, por enquanto, nenhuma DOP, embora esteja em andamento o pedido de reconhecimento da DOP Sardenha.

Sicília

Essa região insular da Itália meridional, cuja capital é Palermo, compreende diversas ilhas menores, além da própria Sicília, que é a maior do Mediterrâneo, completamente circundada por aquele mar e separada da Calábria pelo estreito de Messina. Está dividida em nove províncias: Agrigento, Caltanissetta, Catânia, Enna, Messina, Palermo, Ragusa, Siracusa e Trápani. O cultivo da oliveira na Sicília existe desde a mais remota

Antiguidade, e clássicos como Tucídides,[5] Políbio[6] e Estrabão deixaram obras em que falam da opulência dos olivais sicilianos.

Com a chegada dos romanos, que precisavam de trigo, a olivicultura decaiu. Porém renasceu mais tarde, no período em que a região esteve dominada pelos árabes, que podem ser considerados os maiores estudiosos de agricultura da Idade Média, pois desenvolveram técnicas de enxerto, poda e moagem então de vanguarda. Atualmente, a olivicultura continua florescente na Sicília e é um dos eixos de sustentação da economia regional.

As condições edafoclimáticas existentes na ilha, cujos terrenos são calcáreos e cujo clima se caracteriza por grandes diferenças térmicas entre o dia e a noite, são ideais para a otimização do amadurecimento das azeitonas. Por isso mesmo, a Sicília possui um grande número de variedades autóctones, que produzem azeites muito saborosos e bem diferentes entre si.

O cultivar mais difundido nas regiões de Messina, Catânia e Enna é a nocellara etnea; na Sicília oriental, a tonda iblea e a moresca; na região de Trápani, a cerasuola e a nocellara del Belice, esta última a mais comum; na região de Palermo, a biancolilla e a ogliarola di Messina. E há também uma enorme quantidade de cultivares menores, mais raros, como morgatana, crastu, minuta, citrara, virdisa, piricuddara, giarraffa, mantonica e muitos outros. Na zona do vulcão Etna encontra-se a variedade nocellara dell'Etna. As zonas mais frescas – como Trápani, Agrigento e o sul de Ragusa – produzem os azeites mais famosos pela sua qualidade, e o vale do Belice é a zona da ilha com maior concentração de oliveiras e maior volume de produção de azeite, mas a Sicília tem olivais espalhados por toda parte: nas planícies, nas colinas e nas encostas das montanhas.

Nos últimos anos vem se afirmando o extravirgem de Pantelleria, de pequena produção, mas de excelente qualidade, feito com a biancolella. Outra zona interessante é a costa norte da ilha, entre Palermo e Messina, onde são cultivadas a ogliarola, a castriciana, a santagatese, a verdella

---

[5] Historiador grego (460 a.C.-395 a.C.).
[6] Geógrafo e historiador grego (*c.* 203 a.C.-120 a.C.).

e a cassanisa, que produzem azeites potentes e ricos, tanto em termos de perfume como de sabor. E não há como negar que os azeites crus da Sicília merecem a fama de excelência de que gozam.

Com uma produção tão abundante, diversificada e de tão boa qualidade, não é de admirar que a Sicília seja, entre todas as regiões italianas, a que tem mais DOPs de azeite já reconhecidas pela União Europeia – seis ao todo –, além das três (Colline Ennesi, Colli Nisseni e Monreale) que ainda estão aguardando reconhecimento. As DOP já reconhecidas são:

- DOP Monte Etna – Sua zona de produção está nas áreas que circundam o monte Etna e abrangem parte do território das províncias de Catânia, Messina e Enna. Os requisitos de produção e características são os seguintes:

  - pelo menos 65% das azeitonas usadas devem ser da variedade nocellara etnea, com os restantes 35% provenientes de uma mistura das variedades tonda iblea, moresca, ogliarola messinese, castiglione, biancolilla e brandofino;

  - as azeitonas devem ser colhidas diretamente da planta, à mão ou com o auxílio de maquinários e redes que evitem o contato dos frutos com o solo, no período compreendido entre a mudança de cor e meados de janeiro, dependendo da altitude do terreno; a moagem deve ser feita preferencialmente com mós de pedra;

  - o produto final é de cor amarelo-ouro com reflexos verdes, perfume levemente frutado e sabor frutado com ligeira sensação de amargo e picante. Combina bem com pratos pouco elaborados, como verduras cruas ou fervidas e sopas de legumes.

- DOP Monti Iblei – Sua zona de produção abrange os territórios das províncias de Siracusa, Ragusa e Catânia, identificados mais precisamente pela menção geográfica que deve acompanhar obrigatoriamente a denominação, que deve ser uma das seguintes: Monte Lauro, Val d'Anapo, Val Tellaro, Frigintini, Gulfi,

Valle dell'Irminio, Calatino e Trigona-Pancali. Os requisitos de produção e as características desta DOP são os seguintes:

- na elaboração devem prevalecer as variedades tonda iblea, ou cetrala, ou prunara, ou abbunara, ou tunna, ou ainda moresca ou nocellara etnea, dependendo da procedência específica e da menção geográfica acrescentada à denominação;

- as azeitonas devem ser colhidas diretamente da árvore, no período compreendido entre a mudança de cor e o dia 15 de janeiro de cada campanha, e ser processadas no prazo máximo de dois dias após a colheita;

- o produto final deve ser de cor verde, perfume frutado médio e sabor frutado. Adapta-se bem a pratos pouco elaborados, como verduras cruas, bruschette, assados de carne, frituras.

- DOP Valdemone – Reconhecida muito recentemente pela União Europeia, a zona de produção desta DOP abrange todo o território da província de Messina, com exceção das zonas montanhosas de Peloritani e Nebrodi. Tem as seguintes características:

  - as azeitonas usadas na elaboração devem ser de uma ou de diversas variedades, entre elas: ogliarola messinese, santagatese, minuta, olivo di Mandanici, nocellara messinese, ottobratica, brandofino, vardella e San Benedetto;

  - o produto final tem aspecto límpido, ligeiramente velado, cor amarelo-oliva dourada, perfume frutado de média intensidade e sabor doce.

- DOP Val di Mazara – Zona de produção que abrange todo o território da província de Palermo, mais os quinze municípios da província de Agrigento. Os requisitos e características dos azeites desta DOP são os seguintes:

  - as azeitonas para produção de azeite devem ser provenientes de olivais onde pelo menos 90% das árvores sejam de uma ou mais das variedades biancolilla, nocellara del Belice e cerasuola.

Pode haver também, desde que em percentual inferior a 10% do total, plantas de outras variedades presentes na zona, como a ogliarola messinese, a giaraffa e a santagatese, além de pequenos percentuais de outros cultivares típicos do local;

- as azeitonas devem ser moídas nos dois dias subsequentes à colheita, que deve ser feita a partir do início da mudança de cor, não podendo prolongar-se além do dia 30 de dezembro de cada ano;

- o produto final deve ser de cor amarelo-ouro, com nuanças de um verde intenso; ter perfume frutado médio ou, algumas vezes, lembrando o das amêndoas; e o sabor deve ser frutado, aveludado, com retrogosto doce. Por essas características muito típicas, é apropriado para ser empregado cru, para temperar pratos pouco elaborados, como peixes grelhados, verduras fervidas e sopas de legumes.

- DOP Valle del Belice – O vale do Belice, zona de produção desta DOP, é um extenso areal localizado na província de Trapani, que abrange os territórios dos municípios de Castelvetrano, Campobello di Mazara, Partanna, Salaparuta, Santa Ninfa e Poggioreale, e é um dos poucos exemplos do mundo em termos de homogeneidade das condições edafoclimáticas e das variedades ali encontradas. Por isso, somente nesse ambiente o cultivar autóctone nocellara del Belice desenvolve completamente todas as suas potencialidades produtivas. São os seguintes os requisitos e características dos azeites desta DOP:

- deve prevalecer em sua elaboração a variedade nocellara del Belice. Podem estar presentes, em menor proporção, a biancolilla, a giaraffa, a cerasuola, a buscionetto, a santagatese e a ogliarola messinese;

- a colheita deve ser manual, sendo o processo de extração mais difundido o de ciclo contínuo a frio;

- o produto final é de cor verde intensa, com reflexos dourados e um perfume frutado acentuado, que lembra o de ervas frescas, alcachofras e tomates; seu sabor é robusto, intenso e picante. É muito adequado para ser usado cru, sobre saladas, verduras cozidas, carnes grelhadas, sopas e pratos à base de peixe.

Toscana

Localizada na parte ocidental da Itália central, a Toscana, cuja capital é Florença (*Firenze*, em italiano), tem, a oeste, um extenso litoral nos mares Lígure e Tirreno. Limita-se, a noroeste, com a Ligúria, ao norte, com a Emília-Romanha, a leste, com a Úmbria e as Marcas, e, ao sul, com o Lácio. Além da província de Florença, inclui outras nove: Arezzo, Grosseto, Livorno, Lucca, Massa-Carrara, Pisa, Pistoia, Prato e Siena.

Entre todas as regiões italianas, é provavelmente a de maior renome em todo o mundo, tanto pelo grande número de obras de arte ali existentes como pela beleza e elegância de suas paisagens, em sua maior parte cobertas por vinhedos e olivais. Ambas as características se devem à famosa família Medici, que governou Florença do século XV até o início do século XVIII. É que, além de serem grandes mecenas, incentivando e patrocinando todas as artes, os Medici também estimularam a agricultura e o plantio de oliveiras e de videiras.

No ano de 2003, a área cultivada com oliveiras na Toscana era de pouco mais de 100 mil ha, com 14 milhões de árvores, 70 mil produtores e 425 lagares. Prevalece o plantio da variedade frantoio, mas também se cultivam a moraiolo, a leccino, a pendolino e a correggiolo. Mas muitas outras variedades, menos conhecidas, contribuem também para a tipicidade dos azeites toscanos. São elas: allora, arancino, ciliegino, cuoricino, colombino, ginestrino, gremignolo, grossaio, leccio del Corno, melaiolo, morcone, salicino e piangente. A maior parte dos azeites produzidos na Toscana, entretanto, distingue-se por sua riqueza de tonalidades vegetais e pela complexidade de sabor. Sua excelente qualidade permitiu o reconhecimento, na região, da IGP Toscano e de três DOPs. Há ainda mais duas (Seggiano e Colline di Firenze) que aguardam reconhecimento da União Europeia.

- IGP Toscano – Essa indicação geográfica protegida engloba 40% da produção de azeites de denominação controlada na Itália.

Quando não inclui qualquer outra menção geográfica de proveniência, pode ser usada por azeites produzidos em qualquer área da região Toscana, desde que sejam obtidos de uma ou mais das seguintes variedades ou seus sinônimos: americano, arancino, ciliegino, frantoio, grappolo, gremignolo, grossolana, larcianese, lazzero, leccino, leccio del Corno, leccione, Madonna dell'Impruneta, marzio, maurino, melaiolo mignolo, moraiolo, morchiaio, olivastra seggianese, pendolino, pesciatino, piangente, punteruolo, razzaio, rossellino, rossello, San Francesco, Santa Caterina, scarlinese, tondello. Devem também apresentar as seguintes características organolépticas: cor entre o verde e o amarelo-ouro, que pode variar com o passar do tempo; perfume frutado, acompanhado de um odor de amêndoa, alcachofra, fruta madura ou folhas verdes; e sabor frutado acentuado.

No entanto, quando a IGP é acompanhada por uma das oito menções geográficas de proveniência possíveis – Colline della Lunigiana, Colline di Arezzo, Colline di Firenze, Colline Lucchesi, Colline Senesi, Montalbano, Monti Pisani e Seggiano –, tanto a zona de produção como as variedades empregadas são mais restritas, emprestando aos azeites características bem diferentes entre si. Assim, o azeite Toscano di Seggiano é de cor dourada, com perfume agradável de fragrância leve e sabor frutado leve; o Toscano delle Colline Lucchesi e o Toscano della Lunigiana são de cor amarelo-dourada com tons de verde, têm perfume frutado sutil e sabor levemente picante, com intensa sensação doce; o Toscano delle Colline di Arezzo tem cor entre o verde intenso carregado e o amarelo com nuanças verdes evidentes, perfume frutado intenso e sabor picante amargo, com retrogosto persistente que se atenua com o tempo; o Toscano delle Colline Senesi é de cor verde mais ou menos intensa, com tonalidades tendentes ao verde-amarelado, tem perfume frutado e sabor bastante picante e ligeiramente amargo, com leves traços herbáceos; os azeites Toscano delle Colline di Firenze e Toscano di Montalbano têm a mesma cor e perfume que os azeites Toscano IGP sem menção geográfica específica, mas sabores característicos: o do primeiro é frutado de médio a acentuado, e o do segundo é frutado com sensação de picante; finalmente, o Toscano dei Monti Pisani, embora também amarelo-ouro com tons de verde, tem perfume frutado leve e sabor frutado com sutil percepção picante e intensa sensação de doce.

- DOP Chianti Classico – Com a zona de produção limitada às colinas do Chianti, que abrange o território de quatro municípios da província de Florença – Greve in Chianti, por inteiro, e Barberino Val d'Elsa, San Casciano in Val di Pesa e Tavernella Val di Pesa, parcialmente – e de outros cinco da província de Siena – Castellina in Chianti, Gaiole in Chianti e Radda in Chianti, inteiramente, e Castelnuovo Berardenga e Poggibonsi, em parte –, os olivais desta DOP se localizam em altitudes maiores e usufruem de um clima mais continental do que a maioria dos outros olivais toscanos, o que lhes empresta características diferentes em densidade, cor, perfume e sabor. Seus requisitos de produção e características são:

  - pelo menos 80% dos olivais de onde provêm as azeitonas para a sua produção devem ser constituídos por plantas de uma ou mais das variedades frantoio, correggiolo, leccino e moraiolo. Os restantes 20% podem ser de árvores de um elenco de 72 variedades diferentes, especificadas no regulamento pertinente;

  - as azeitonas para sua produção devem ser colhidas diretamente da planta até, no máximo, o dia 31 de dezembro de cada ano, e, enquanto aguardam o processamento, por um prazo máximo de tês dias a partir da colheita, devem ser armazenadas em lugares apropriados, frescos e ventilados;

  - uma vez pronto para o consumo, o azeite deve ter cor entre o verde intenso e o verde com nuanças douradas, perfume nítido de azeite, frutado, e sabor picante levemente amargo.

Combina bem com saladas, especialmente a panzanella – salada típica toscana feita com pão amanhecido e tomate, entre outros ingredientes –, cozidos de carne e de legumes e sopas.

- DOP Lucca – Com zona de produção que abrange toda a província de Lucca e, especialmente, os municípios de Lucca, Cappanori, Montecarlo, Altonascio, Porcari e Villa Basilica, os azeites desta DOP, recentemente reconhecida pela União Europeia, tem os seguintes requisitos de produção e características:

  - pelo menos 90% das azeitonas usadas em sua produção devem ser da variedade frantoio;

  - o produto final deve ter cor amarela com reflexos verdes mais ou menos intensos, perfume frutado e sabor doce com leves sensações de amargo e picante. É apropriado para o emprego em saladas, pinzimonio – vegetais cortados para serem consumidos crus –, bruschette, sopas e pratos típicos toscanos.

- DOP Terre di Siena – Com zona de produção que abrange todo o território da província de Siena, não incluído na área de produção da DOP Chianti Classico, são os seguintes os requisitos de produção e características desta DOP:

  - as azeitonas para a sua produção devem ser provenientes de olivais que tenham pelo menos 10% de cada uma e 85% do conjunto das variedades frantoio, correggiolo, leccino e moraiolo. Os 15% restantes podem ser compostos por plantas de uma lista com treze variedades especificadas no regulamento pertinente;

  - a colheita das azeitonas deve ser feita no início da maturação fisiológica ou tecnológica, a qual, na província de Siena, ocorre a partir do final de outubro, e deve estar terminada antes de 31 de dezembro; uma vez colhidos, os frutos podem esperar o processamento por um período máximo de três dias, armazenados em locais apropriados, frescos e ventilados;

– uma vez pronto para o consumo, o azeite deve ter cor entre o verde e o amarelo, que pode variar com o passar do tempo, perfume frutado e sabor também frutado, com notas de amargo e picante. Combina bem com saladas, especialmente a panzanella, sopas de legumes e cozidos de carne e legumes.

Trentino-Alto Ádige

Essa região, cuja capital é Trento, é a mais setentrional de toda a Itália, e abrange, além da província que leva seu nome, a de Bolzano. Tem fronteira com a Áustria, ao norte; com o Vêneto ao sul e a leste; com a Lombardia, ao sul e a oeste; e com a Suíça, a oeste. Está situada a uma latitude bastante elevada, pois fica no limite norte da faixa onde o cultivo de oliveiras ainda pode ser feito. Além disso, boa parte de sua área é tomada por montanhas altíssimas, com clima excessivamente frio para a olivicultura. Entretanto, é na parte da província de Trento – mais ao sul e muito próxima, portanto, da Lombardia e às margens do lago de Garda, onde o clima é tipicamente mediterrâneo – que se concentram os olivais da região.

Embora a quantidade produzida seja pequena, o produto é de excelente qualidade, reconhecido pela União Europeia com a atribuição da DOP Garda, menção Trentino, cuja zona de produção abrange onze municípios da província de Trento, que ficam nas proximidades daquele lago.

■ DOP Garda Trentino – São os seguintes os requisitos de produção e características dos azeites desta DOP:

– pelo menos 80% das azeitonas usadas em sua produção devem ser de uma ou mais dentre as variedades casaliva, frantoio, pendolino e leccino. Podem-se usar outras variedades, desde que, em conjunto, representem percentual não superior a 20%;

– a colheita e o processamento das azeitonas devem obedecer ao mesmo disciplinamento que o dos azeites DOP Garda Bresciano e DOP Garda Orientale;

- a cor deve ser verde com reflexos dourados, o perfume frutado ligeiro com sensação herbácea e o sabor levemente frutado.

Úmbria

Essa região, que fica na Itália central, não é banhada pelo mar. Faz fronteira, ao norte e a leste, com as Marcas, a oeste e noroeste, com a Toscana, e, ao sul, com o Lácio. São duas províncias: Terni e Perugia, que é, também, capital da Úmbria. A configuração geofísica da região favorece os olivais, cujos frutos produzem um extravirgem tão saboroso que se harmoniza até com o sabor pleno das trufas pretas do vale Nerina, em Trevi, Foligno e Spoleto. É também considerado um dos melhores do mundo, por suas extraordinárias características organolépticas, baixíssima acidez e finura excepcional.

A olivicultura é antiquíssima na região, remontando à época dos etruscos, quando Orvieto, hoje na província de Terni, era uma das cidades mais poderosas. Sua prosperidade se deve exatamente à produção e ao comércio do azeite. No tempo dos romanos, Otricoli, que fica na mesma província, era então chamada Ocricolum e ficava às margens do rio Tibre (em lugar de estar, como hoje, sobre uma elevação próxima). Era o porto de onde o já então famoso azeite da Úmbria era embarcado para Roma.

Reconhecendo a excelência dos azeites umbros, a União Europeia disciplinou a DOP Umbria, cuja zona de produção abrange todo o território da região. Ela se distingue, porém, por causa das diferentes menções geográficas – cinco tipos, ao todo –, cada uma com características próprias que dependem de sua área de origem. São elas:

- DOP Umbria Colli Assisi-Spoleto – Com zona de produção que abrange trinta municípios – entre eles Assis, Cássia, Spoleto, Foligno, Trevi e Terni – e parte do território de ambas as províncias úmbrias, este azeite deve ser produzido com azeitonas das variedades moraiolo (pelo menos 60%), leccino e frantoio (no máximo 30%, isoladamente ou em conjunto), além de outras existentes nessa região, que não podem representar mais do que 10% do total. Deve ser de cor entre o verde e o amarelo, ter perfume frutado forte e sabor frutado, com forte sensação de amargo e picante.

- DOP Umbria Colli Martani – Com zona de produção localizada em quinze municípios da província de Perugia, nas proximidades de Massa Martana, as azeitonas para a produção deste azeite devem ser das variedades *moraiolo* (pelo menos 20%), *San Felice*, *leccino* e *frantoio* (que deve representar, isolada ou conjuntamente, no máximo 80%). Pode ser usado, também, um percentual máximo de 10% de outras variedades. A cor deve oscilar entre o verde e o amarelo; o perfume, frutado de médio a acentuado, e o sabor, frutado com uma sensação de amargo ou picante, variando entre média e forte.

- DOP Umbria Colli Amerini – Com zona de produção abrangendo treze municípios da província de Terni, entre eles Otricoli, o azeite deve ser produzido com azeitonas das variedades moraiolo (pelo menos 15%), rajo, leccino e frantoio (isoladamente ou em conjunto, representando no máximo 85%). Pode também conter outras variedades, desde que em proporção inferior a 10%. A cor deve estar entre o verde e o amarelo; o perfume, frutado médio; e o sabor, frutado com sensação de amargo e picante, entre ligeira e média.

- DOP Umbria Colli del Trasimeno – Com região de produção abrangendo dezesseis municípios na zona do lago Trasimeno, na província de Perugia, inclusive a própria capital, este azeite deve ser produzido com azeitonas das variedades moraiolo e dolce agocia (representando, em conjunto, pelo menos 15% do total), frantoio e leccino (em conjunto, numa proporção máxima de 65%). Pode também conter outras variedades, desde que estas representem, em conjunto, no máximo 20% do total. Este azeite, menos forte do que os outros azeites úmbrios, tem cor entre o verde e o amarelo-ouro, perfume frutado entre ligeiro e médio, lembrando alcachofra e amêndoa, e sabor frutado com leve sensação de amargo e picante.

- DOP Colli Orvietani – A zona de produção deste azeite inclui o território de dezessete municípios da província de Terni, todos nas proximidades de Orvieto. Ele deve ser produzido com azeitonas da variedade moraiolo (pelo menos 15%), frantoio (no máximo 30%) e leccino (no máximo 60%). Pode haver, também, um máximo de 20% de azeitonas de outras variedades. Esse azeite deve ter cor entre o verde e o amarelo, perfume frutado médio e sabor frutado, com uma sensação média de amargo e picante.

Vêneto

Essa região, cuja capital é Veneza, fica na parte norte-oriental da Itália. Limita-se, ao norte, com a Áustria; ao sul, com a Emília-Romanha; a noroeste, com o Trentino-Alto Ádige; a oeste, com a Lombardia; e, a leste, com Friúli-Veneza-Júlia e o mar Adriático. De modo geral, o território muito variado e o clima rígido desta região não são exatamente adequados à olivicultura. Mas, nas proximidades do lago de Garda – que, com sua massa de água, exerce papel de termostato –, é possível produzir um azeite doce, sutil, frutado e pouco ácido, semelhante ao que se produz nas margens lombardas desse mesmo lago, em Bréscia. Alguns azeites produzidos nessa zona, na província de Verona, estão incluídos entre os que são protegidos pela DOP Garda Orientale.

Prevalecem os cultivares casaliva ou drizzar, seguido das variedades lezzo, rossanel, favarol, grignan, pendolino, trepp e fort. Os demais territórios olivícolas da região são protegidos pela DOP Veneto, com diversas subzonas:

- DOP Veneto del Grappa, DOP Veneto Valpolicella e DOP Veneto Euganei e Berici – Essa zona de produção abrange parte das províncias de Verona, Pádua, Vicenza e Treviso, subdividida em áreas próprias para cada uma das três menções geográficas. Os cultivares usados na produção também variam conforme a proveniência específica. Assim, no Veneto del Grappa predominam as variedades frantoio e leccino; no Veneto Euganei e Berici prevalecem a leccino e a rasara; e no Veneto Valpolicella, as variedades grignano e favarol, que produzem azeites mais fortes, de sabor relevante.

Conforme a menção geográfica que acompanha a DOP e indica mais precisamente sua área de produção, a cor do azeite DOP Veneto varia do amarelo com leves tonalidades de verde ao verde-dourado; o perfume, de frutado ligeiro a frutado médio; e o sabor, geralmente frutado com leve sensação de amargo, pode ter, também, um retrogosto a musgo. Estes azeites combinam muito bem com saladas, verduras fervidas e peixes grelhados.

O Turismo do Azeite

Em 1994, foi fundada a Associazione Nazionale Città dell'Olio (Associação Nacional das Cidades do Azeite) com a finalidade de promover e valorizar tanto o ambiente e a cultura da oliveira como a qualidade e o prazer de seu consumo. Dessa associação nasceu o projeto Turismo dell'Olio (Turismo do Azeite), destinado a abrir as portas das regiões de tradição olivícola que até hoje não foram integradas ao turismo convencional. Na execução desse projeto, os próprios habitantes das regiões beneficiadas são responsáveis, com os operadores de turismo, tanto pela acolhida aos turistas como pela proteção ambiental. Espera-se que as ações de promoção turística não apenas valorizem os territórios olivícolas italianos, como também contribuam para aumentar o interesse dos consumidores pelo azeite de oliva.

Nove anos depois, em 2003, foi criado o Comitato Nazionale delle Strade dell'Olio (Comitê Nacional dos Roteiros do Azeite) para implementar, ampliar e valorizar essa nova forma de turismo, integrando-a em um programa nacional, nos mesmos moldes do que já existia para roteiros do vinho. Desde então já foram definidos diversos roteiros do azeite, ainda concentrados, porém, em algumas regiões:[7]

---

[7] O número de roteiros do azeite também aumenta constantemente, de modo que não há como garantir que a lista aqui apresentada esteja completa.

Na Ligúria há dois roteiros do azeite:

- Terra della Taggiasca, que inclui 21 comunidades da província de Impéria;
- Dalle Alpi al Mare, pelas localidades de Alta Valle Arroscia, Ingauna e Pollupice, na província de Savona.

Na Toscana existe um roteiro:

- Strada dell'Olio Toscano.

Na região do Lácio existem mais dois roteiros do azeite:

- Sabina, de Nerola a Torrita Tiberina, na província de Roma;
- Strada dell'Olio e del Vino della Tuscia, na província de Viterbo.

A região da Apúlia é a que tem maior número de *strade dell'olio*, provavelmente porque é a região que mais produz azeite na Itália:

- Castel Del Monte, por diversas localidades da província de Bari;
- Strada dell'Olio Extra Vergine DOP Colline di Brindisi, que reúne os oito municípios da província de Brindisi produtoras de azeite;
- Strada dell'Olio Extra Vergine di Oliva a DOP Dauno, na província de Foggia, com três variantes: Garganico Provenzale, Il Tavoliere e le Saline e I Monti della Daunia;
- Antica Terra di Otranto, que propõe oito itinerários diferentes pela província de Lecce;
- Strada dell'Olio delle Terre Tarantine, na província de Taranto.

O número de roteiros do azeite italianos tende a crescer rapidamente, pois já há diversos em fase de regulamentação ou implementação. Um deles, de que temos notícia, é Strada dell'Olio Extra Vergine Umbria DOP. Também está sendo proposto um roteiro do azeite na região do Vêneto, cujo itinerário percorre principalmente a província de Verona.

Espanha

> O ciclo de vida de uma oliveira é de 300 a 600 anos;
> ainda existem exemplares dessas árvores
> no Sudoeste dos Estados Unidos,
> que foram plantadas
> pelos missionários espanhóis.
> *Lynn Alley*, Artes esquecidas

O cultivo das oliveiras e os processos de elaboração do azeite de oliva têm profundas raízes na história da Espanha. Os zambujeiros sempre foram abundantes na península Ibérica, mas a olivicultura propriamente dita foi introduzida na região pelos fenícios e pelos gregos. Posteriormente, os romanos expandiram o cultivo e aperfeiçoaram as técnicas de produção de azeite, que passou a ser considerado de qualidade superior desde aquela época. Mais tarde, a qualidade do azeite espanhol continuou a ser aperfeiçoada pelos árabes, grandes conhecedores de técnicas agrícolas e de olivicultura.

Ao longo do tempo, os olivicultores da península Ibérica foram selecionando, a partir dos zambujeiros e das variedades mais antigas, as árvores de melhores características quanto à produtividade, ao rendimento, à adaptação ao terreno, etc. Essa é, provavelmente, a razão pela qual as oliveiras da região são hoje tão duras e resistentes a condições edafoclimáticas muito diferentes entre si, convivendo bem com outros cultivares autóctones, como a videira, a amendoeira e a figueira.

Como resultado dessa tradição milenar, a Espanha, com uma produção média anual de quase 700 mil t, ultrapassou a marca de 1,4 milhão de toneladas na campanha de 2003/2004, segundo dados do COI. É hoje o maior produtor de azeite do mundo, em termos de volume. Seus olivais, que totalizam mais de 300 milhões de árvores, ocupam uma área de 2,6 milhões de hectares, representando mais de 20% da área total dedicada à olivicultura em todo o mundo. Mais de 90% da área ocupada pelos olivais espanhóis se destina à produção de azeitonas para a extração de azeite, um dos produtos mais importantes na economia do país. No restante, são produzidas azeitonas de mesa.

Em termos de quantidade de azeite produzido, a distribuição pelas diferentes comunidades autônomas da Espanha é a seguinte:

Andaluzia	75,0%
Castela-La Mancha	14,0%
Extremadura	5,0%
Catalunha	3,5%
Aragão e Valência (em conjunto)	1,0%
Todas as outras regiões	1,5%

Apesar de ter sido sempre muito significativa, a produção espanhola de azeite cresceu de forma acentuada a partir de 1993, quando entrou em vigor uma nova legislação que concedeu ao país expressivas subvenções da União Europeia. Esse auxílio pecuniário foi aplicado à modernização da olivicultura e ao plantio de novos olivais, estruturados com métodos modernos de irrigação que ajudaram a multiplicar a produção. Além dessa injeção de recursos, o aumento da produção foi também favorecido pelo crescimento da demanda, tanto no próprio país como no resto do mundo.

A Espanha é o maior exportador mundial de azeite de oliva, tendo exportado uma média de 124.050 t na primeira década de 2000, um aumento de 96,34% com relação à média da década de 1990, que foi de 63.480 t. Tem um consumo interno expressivo, o que a torna um dos países que mais consome azeite, com uma média anual *per capita* de 13 *l*, superada apenas pela Grécia e pela Itália. Talvez essa grande demanda interna explique o fato de a Espanha também importar um volume considerável do produto, principalmente de Itália, Tunísia, Grécia, Turquia e Portugal – paradoxo ainda mais intrigante quando se observa que a Itália e Portugal estão, por sua vez, entre os maiores compradores do azeite espanhol.

A presença do azeite espanhol em outros países nem sempre foi fácil de observar, porque, por muito tempo, o produto praticamente só era exportado a granel, para ser enlatado ou engarrafado no país de destino, muitas vezes recebendo marcas locais. Hoje, entretanto, embora grande porcentagem das exportações ainda seja feita a granel, as de azeite engarrafado tiveram um crescimento espetacular, pois seu volume duplicou na primeira metade da década de 2000, e continua a crescer.

A granel ou embalado, o azeite de oliva espanhol é exportado para mais de cem países dos cinco continentes. Os principais mercados do azeite espanhol a granel estão na União Europeia, sendo a Itália o maior importador (65%), seguida pela França (14%), por Portugal (11%) e pelo Reino Unido (4%). Já para o azeite engarrafado, os principais destinos são, em ordem decrescente de volume importado, Austrália, Estados Unidos, Brasil, Japão e França. Somando-se as importações de azeite a granel e engarrafado, o maior mercado para os azeites espanhóis fora do continente europeu são os Estados Unidos, para onde vão 33% das exportações não europeias. Seguem-se a Austrália (14%), o Japão (12,1%), o México (5,4%) e o Brasil (5,1%).

Em virtude da importância que tem para a economia do país, o azeite espanhol está sujeito a um controle de qualidade bastante severo. Além das análises feitas pelos próprios produtores em seus laboratórios, amostras de cada lote são analisadas pelas autoridades do país, para verificar sua adequação aos requisitos de qualidade estabelecidos pela União Europeia.

Uma característica importante da produção espanhola de azeites é a ampla gama de aromas e sabores diferentes que proporciona. Isso porque deparamos, de um lado, com uma surpreendente diversidade de climas e microclimas, além de uma variedade e riqueza de solos do país, e, de outro, pelo grande número de cultivares ali encontrados, mais de 260, entre os quais alguns dos mais difundidos são: picual, cornicabra, hojiblanca, arbequina, lechín de Sevilla, verdial, empeltre e picudo. Assim, embora os azeites espanhóis tenham, em geral, um perfume frutado intenso que recorda o da azeitona verde ou madura, a possibilidade de empregar tantas variedades diferentes de azeitonas na produção de azeites monovarietais ou blended permite que se encontrem azeites que vão desde os de sabor muito doce e suave até aos mais encorpados e de personalidade marcante, com um agradável sabor amargo ou picante de várias intensidades.

Um exemplo interessante das variações que o clima e o relevo podem provocar nas características organolépticas do azeite é o que acontece com os produzidos com a variedade picual, o cultivar mais importante da Espanha, ao qual pertence, tanto sob esse nome como com diversas nomenclaturas locais, a metade das oliveiras do país e um quinto do total mundial. O azeite produzido dessa variedade é considerado o mais estável do mundo: quando cultivada em planícies, ela produz azeites encorpados, em geral amargos, com sabor tendendo a madeira; quando o cultivo é feito em áreas montanhosas, porém, costuma dar azeites mais doces, com sabor leve e agradável.

Os azeites das diferentes Comunidades Autônomas da Espanha

ANDALUZIA

A Comunidade Autônoma da Andaluzia fica no extremo sul da península Ibérica e limita-se, ao sul, com o oceano Atlântico, o mar Mediterrâneo e Gibraltar; ao norte, com a Extremadura e Castela-La Mancha; a oeste, com Portugal; e, a leste, com a região de Múrcia. É formada por oito províncias: Almeria, Cádiz, Córdoba, Granada, Huelva, Jaén, Málaga e Sevilha. De modo geral, o clima da região é tipicamente mediterrâneo, bastante ameno, embora haja variações, como na província de Granada, a mais fria, onde, porém, graças à serra Nevada, ocorrem as maiores altitudes.

A Andaluzia, responsável por pelo menos 75% de toda a produção de azeite da Espanha, gera grande variedade de azeites. No entanto, citaremos apenas aqueles cuja Denominação de Origem Protegida (DOP) já foi reconhecida pela União Europeia. São eles:

- DOP Aceite de Baena – Cerca de 30% da produção de azeites da Andaluzia são cobertos por essa denominação, cuja zona geográfica de produção abrange uma superfície de 45 mil ha de olivais, no sudeste da província de Córdoba, de que Baena é o principal centro oleícola. Os azeites extravirgens são elaborados principalmente com a variedade picual e, em menor medida, com as variedades picudo (ou carrasqueño de Córdoba), lechín, chorruo (ou jarduo), hojiblanca e pajarero. O produto final, com alto teor de acido linoleico, tem personalidade e elegância. Sua cor vai do amarelo-esverdeado ao esverdeado-dourado; o perfume é muito aromático, frutado, com reminiscências florais; e o sabor é excepcionalmente equilibrado, podendo ser frutado intenso, com sensação de amendoado amargo ou frutado maduro.

- DOP Priego de Córdoba – A região desta DOP compreende uma área de mais de 26,6 mil ha de olivais a sudeste de Córdoba. Os azeites extravirgens dessa denominação devem ser obrigatoriamente obtidos dos cultivares picudo, hojiblanca e picual. Podem ocorrer três tipos, conforme a variedade de azeitona que prevaleça em sua elaboração:
  - DOP Priego de Córdoba tipo A – Obtido principalmente do cultivar *picudo*, tem cor amarela, perfume frutado intenso, lembrando maçãs, e sabor doce;
  - DOP Priego de Córdoba tipo B – Produzido principalmente com azeitonas do cultivar hojiblanca, é amarelo-dourado, tem aroma frutado fresco, com insinuações de ervas perfumadas, e sabor doce;
  - DOP Priego de Córdoba tipo C – Em sua elaboração predomina a variedade picual; tem cor amarelo-esverdeado, aroma frutado acentuado, com insinuações de amêndoas, e sabor levemente amargo, com ligeiro retrogosto picante.

- DOP Sierra de Segura – Com zona de produção que abrange uma área de 42 mil ha, localizada a nordeste da província de Jaén, essa denominação cobre azeites de oliva extravirgens obtidos de azeitonas das variedades picual – que predomina na área delimitada –, verdala, royal e manzanillo de Jaén, que devem obrigatoriamente ser colhidas à mão. Os azeites dessa DOP são de cor amarelo-

-esverdeada, com aroma frutado e, quando amadurecidos, têm sabor levemente amargo e muito equilibrado, podendo algumas vezes ser surpreendente, com notas de picante.

- DOP Sierra Mágina – Sua zona de produção compreende 67 mil ha de olivais que se localizam no parque natural de mesmo nome, situado no sul da província de Jaén. Dessa área, 99% das plantas são do cultivar picual, e o restante da variedade manzanillo de Jaén. Os azeites dessa denominação são muito estáveis, têm fragrância muito aromática, sabor muito frutado e ligeiramente amargo, picante na boca; a cor varia do verde brilhante ao amarelo-ouro, dependendo do grau de amadurecimento da azeitona no momento da colheita e da localização das oliveiras dentro da zona de produção.

- DOP Sierra de Cazorla – Sua zona de produção ocupa uma área de 37,5 mil ha a sudeste da província de Jaén. Produz azeites extravirgens em que predomina a variedade picual, característica da região, embora também haja uma pequena proporção da autóctone royal. São azeites muito estáveis, de cor verde-amarelada, com intenso aroma frutado e fresco de feno recém-cortado e sabor de fruta fresca (maçã, amêndoa ou figo), com leve sensação de amargo e picante.

- DOP Sierra de Cádiz – Essa DOP abrange 15,2 mil ha de olivais a noroeste da província de Cádiz e ao sul da de Sevilha. A variedade predominante em sua elaboração é a lechín de Sevilla, utilizada em conjunto com outros cultivares comuns na região, como manzanilla, verdial de Huevar, verdial de Cádiz, hojiblanca, picual, alameña de Montilla e arbequina. Os azeites extravirgens dessa DOP têm cor que vai do verde intenso ao amarelo-dourado, equilibrados ao paladar, com sabor que lembra frutas silvestres, ligeiramente amargo na boca.

Além dessas DOPs, que já foram reconhecidas pela União Europeia, há na Andaluzia outras três, aprovadas no âmbito regional e nacional pelo Conselho de Agricultura e Pesca daquela comunidade autônoma, que são: a DOP Montes de Granada, com zona de produção em uma região bastante fria e elevada da província de Granada, cujas condições edafoclimáticas favorecem a produção de um azeite que se caracteriza pelo sabor frutado, intenso e suave; a DOP Poniente de Granada, que abrange dezesseis municípios, no oeste da província de Granada, onde se produzem azeites muito leves, de dois tipos diferentes: um deles é frutado intenso, com aroma de fruta fresca, e o outro, frutado maduro, com sabor de fruta madura; por último, a DOP Estepa, cuja zona de produção inclui territórios das províncias de Córdoba e Sevilha, próximos à cidade de Estepa, onde se produzem azeites em que predomina o cultivar hojiblanca, com sabor e aroma de fruta fresca ou madura, levemente amargos e picantes, ou ligeiramente doces.

Aragão

O território dessa comunidade autônoma, formada pelas províncias de Saragoça, Huesca e Teruel, coincide com o da região histórica de mesmo nome, que corresponde ao vale central do rio Ebro, no Norte da Espanha. Limita-se, a oeste, com Navarra, Rioja e Castela e Leão; a sudoeste, com Castela-La Mancha; a sudeste, com a Comunidade Valenciana; a leste, com a Catalunha; e, ao norte, com a França.

O clima é mediterrâneo continental, seco, com precipitações irregulares, fortes contrastes térmicos e ventos fortes. Na parte mais setentrional da região, as latitudes são excessivamente elevadas para o cultivo da oliveira, mas no chamado Baixo Aragão, nas proximidades da linha divisória com Castela-La Mancha e com a Comunidade Valenciana, a olivicultura prospera e, embora com uma produção pequena, é de excelente qualidade. Por essa razão, a União Europeia reconheceu a DOP Bajo Aragón, cuja zona de produção ocupa uma superfície de 15 mil ha nas províncias de Teruel e Saragoça, onde os azeites são extraídos das variedades empeltre (proporção que deve ser de pelo menos 80%), arbequina e royal. A cor dos azeites dessa DOP varia entre o amarelo-ouro intenso e o amarelo-ouro velho; no início da campanha, no entanto, eles têm sabor frutado ligeiramente amendoado, sem amargor, que avança depois para o doce e ligeiramente picante.

Castela-La Mancha

Essa comunidade autônoma é a segunda da Espanha em volume de produção de azeite. Abrange oito províncias – Albacete, Talavera de la Reina, Toledo, Guadalajara, Ciudad Real, Portollano, Cuenca e Alcázar de San Juan – que correspondem aproximadamente à região histórica de Castela Velha (*Castilla la Vieja*, em espanhol). Fica no centro da Espanha e limita-se, ao norte, com a Comunidade de Castela e Leão; a noroeste, com as comunidades de Madri e novamente a de Castela e Leão; a oeste, com a Extremadura; ao sul, com a Andaluzia; a sudeste, com a região de Múrcia; a leste, com a Comunidade Valenciana; e, a nordeste, com Aragão.

As regiões onde mais se concentra a olivicultura são as que estão mais ao sul, próximas à Andaluzia, e as partes menos elevadas dos montes que circundam a grande planície da Mancha, especialmente as elevações chamadas montes de Toledo, zona em que a União Europeia reconheceu a DOP Montes de Toledo. A zona de produção dessa DOP compreende pouco mais de 30 mil ha, localizados no sudoeste da província de Toledo e no noroeste da de Ciudad Real. O azeite é monovarietal, inteiramente proveniente da variedade autóctone cornicabra, cuja perfeita adaptação ao meio ambiente da área é responsável pela excelente qualidade do produto. Dependendo da época da colheita e da localização específica do olival na zona de produção, a cor dos azeites pode ir do verde intenso ao amarelo-dourado, mas o verde-claro e o verde--ouro são as cores mais frequentes. São azeites de perfume frutado e sabor delicado, com leve toque de amêndoas.

Catalunha

Essa comunidade autônoma é formada por quatro províncias – Barcelona, Tarragona, Lérida e Gerona – e fica a nordeste da península Ibérica. Limita-se, ao norte, com a França e o principado de Andorra; ao sul, com a Comunidade Valenciana; a oeste, com Aragão; e, a leste, com o extenso litoral do mar Mediterrâneo.

Apesar de ter clima mediterrâneo apropriado para a olivicultura, principalmente nas áreas mais meridionais, a Catalunha é uma região de tradição mais industrial do que agrícola, ao que se atribui sua produção relativamente pequena de azeites. Ainda assim, os que produz são de excelente qualidade. Tem três DOPs de azeite reconhecidos pela União Europeia.

- DOP Les Garrigues – Essa DOP, que é a mais antiga denominação protegida de azeites da Espanha, abrange uma área de 18,5 mil ha ao sul da província de Lérida. O azeite aí produzido é monovarietal, extraído de azeitonas da variedade arbequina, que são colhidas obrigatoriamente à mão, e pode ser de dois tipos característicos, dependendo do grau de amadurecimento do fruto no momento da colheita. As azeitonas colhidas bem no início da maturação originam o tipo frutado, de cor verde-amarelada, aroma de amêndoas verdes, com toques de maçã, e sabor picante amendoado. Já as azeitonas colhidas em plena maturação resultam em um tipo mais fluido, de cor amarela e sabor doce.

- DOP Siurana – Sua zona de produção compreende uma área de 12,3 mil ha, localizada numa faixa de terra perpendicular ao mar Mediterrâneo, na província de Tarragona, em cujos olivais prevalece a variedade arbequina, além dos cultivares royal e morrut (ou morruda).

  As azeitonas são colhidas obrigatoriamente à mão e, dependendo de seu grau de maturação, podem resultar em azeites de características organolépticas diferentes. As azeitonas de colheita precoce originam azeites espessos, frutados, de cor verde e sabor levemente amendoado, tendendo ao amargo. As de colheita mais tardia produzem um azeite doce, amarelo e mais fluido.

- DOP Oli de Terra Alta – A zona de produção dessa DOP abrange uma área de 6,4 mil ha, que compreende a comarca de Terra Alta e alguns municípios da comarca de Ribera d'Ebre, ambas no interior da província de Tarragona, no Sudoeste da Catalunha. A variedade mais utilizada é a empeltre, que predomina, misturada com as variedades arbequina, morrut (ou morruda) e farga. A colheita deve ser manual, podendo-se empregar o método de varejadura, e deve ser feita entre meados de novembro e o final de janeiro. Resultam azeites de acidez inferior a 0,5% e grande estabilidade, com cor que vai do amarelo--pálido ao amarelo-ouro velho.

Além das DOPs de azeites já reconhecidas pela União Europeia, há na Catalunha uma outra, regulamentada pelo Ministério de Agricultura, Pesca e Alimentação da Espanha, a DOP Oli del Baix Ebre-Montsiá, ou Aceite del Baix Ebre-Montsiá, cuja zona de produção compreende uma área de 49 mil ha que corresponde a todo o território das comarcas de Baix Ebre e Montsiá, ambas no extremo sul da província de Tarragona e da Catalunha. Os azeites são elaborados com as variedades autóctones morrut, sevillenca e farga. São muito aromáticos, de cor amarela, com matizes que vão do esverdeado ao dourado, dependendo da época da colheita, que também influencia o sabor, frutado no início da campanha e mais adocicado no final.

Extremadura

Essa comunidade autônoma espanhola, cujo nome se grafa com "x" para distingui-la da antiga província da Estremadura, em Portugal, fica no Sudoeste da Espanha e limita-se, a oeste, com Portugal; a leste, com Castela-La Mancha; ao norte, com Castela e Leão; e, ao sul, com a Andaluzia. Não tem, portanto, nenhuma região litorânea.

Atravessada pelo rio Tejo e abrangendo territórios da margem sul do Douro, que marca seu limite norte, a Extremadura está dividida em duas províncias: Cáceres ao norte e Badajoz ao sul, que são as de maior extensão territorial entre todas as províncias espanholas. O clima é, em geral, do tipo mediterrâneo, exceto na parte mais setentrional, onde é continentalizado, e no oeste, onde se torna mais suave pela relativa proximidade do litoral atlântico português. Os verões são geralmente muito quentes e secos, mas de curta duração, e os invernos, embora longos, são amenos. As chuvas são escassas, com distribuição concentrada no inverno. Costumam alternar-se períodos de vários anos mais chuvosos (chamados La Niña pelo povo da região), com outros muitos secos (El Niño).

Com uma economia baseada nas atividades agrícolas e pecuárias, em que ainda persistem alguns latifúndios, a Extremadura é uma das regiões menos desenvolvidas da Espanha. A atividade agrícola predominante, principalmente na província de Badajoz, é a exploração do sobreiro, a árvore de que se extrai a cortiça. Mas também são praticadas a viticultura e a olivicultura, esta frequentemente convivendo com pastagens, uma vez que a pecuária é outra das atividades econômicas fundamentais para a região. Assim, a Extremadura ocupa o terceiro lugar em volume de azeite produzido entre todas as comunidades espanholas, e, embora ainda não tenha nenhuma DOP reconhecida pela União Europeia, tem duas regulamentadas pelo Ministério de Agricultura, Pesca e Alimentação da Espanha. São elas:

- DOP Monterrubio – Com zona de produção que ocupa uma área de 10,3 mil ha ao leste da província de Badajoz, compreende dezesseis municípios das comarcas de La Serena, La Siberia e Campiña Sur. Os azeites dessa DOP são extraídos das variedades cornezuelo e jabata (nome local do cultivar picual), em proporção de pelo menos 90%. O restante pode ser proveniente dos cultivares mollar, corniche, morilla, cornicabra e pico-limón. Os azeites extravirgens aí produzidos têm grande estabilidade, são de cor amarelo-esverdeada, aromáticos, com sabor frutado amendoado, levemente amargo e picante.

- DOP Gata-Hurdes – A zona de produção desses azeites monovarietais, que procedem exclusivamente da variedade autóctone manzanilla cacereña, abrange uma superfície de 17 mil ha, localizada nas regiões serranas do norte da província de Cáceres, que inclui 84 municípios das comarcas de Sierra de Gata, Hurdes, Gabriel y Galán, Valle del Ambroz, Jerte e La Vera. São, portanto, azeites de montanha bastante densos e se distinguem por suas características organolépticas, em especial o excelente sabor frutado, pouco ou nada amargo ou picante. Muito resistentes ao ranço, têm cor amarelo-ouro quando provenientes de frutos maduros, mas apresentam tons esverdeados se as azeitonas tiverem sido colhidas precocemente.

ILHAS BALEARES

Essa comunidade inclui todo o arquipélago Balear, que fica no mar Mediterrâneo, próximo à costa leste da Espanha, e é formado por diversas ilhas, das quais as maiores e mais importantes são Mallorca, Minorca, Cabrera, Ibiza e Formentera. Uma curiosidade interessante, que dá bem a ideia da importância do azeite no ambiente cultural dessas ilhas, é que foi lá que se originou a maionese, assim chamada por ter sido "inventada" na cidade de Maó, ou Mahon, que fica na ilha de Menorca, também famosa por seus queijos.

O clima dessas ilhas, bem semelhante ao da Sardenha, favorece a olivicultura, mas a superfície, relativamente pequena, aliada à concentração da economia na indústria turística, não permite uma grande produção, embora a pouca que existe seja de excelente qualidade.

- DOP Oli de Mallorca, ou Oli Mallorquí, ou Aceite de Mallorca, ou Aceite Mallorquín – É uma denominação de origem protegida que abrange todo o território da ilha de Mallorca. O azeite é elaborado com os cultivares mallorquina (nome dado na ilha à variedade empeltre), arbequina e picual. Como o perfil sensorial desses azeites varia acentuadamente com o grau de maturação dos frutos no momento da colheita, distinguem-se dois tipos, bem diferentes entre si: o frutado e o doce. No primeiro, proveniente das azeitonas mais verdes, a cor é amarelo-dourada e predominam os atributos amendoado doce e frutado, com sensações moderadas de picante e amargo. Já no azeite doce, extraído das azeitonas plenamente maduras, predomina, evidentemente, o atributo doce, com levíssimas sensações de picante e amargo, praticamente não se notando qualquer parâmetro frutado.

La Rioja

Essa comunidade autônoma, a menor de toda a Espanha, fica no Norte do país. Não tem litoral e é atravessada pelos rios Oja (origem do nome da região) e Ebro. Limita-se, ao norte, com o País Basco e Navarra; a leste, com Aragão; e, a oeste e ao sul, com Castela e Leão. Tem uma única província, La Rioja, cujos vinhos são famosos mundialmente. Talvez tenha sido por essa razão a mudança do nome da província, que antes era o mesmo de sua capital, Logroño. Até 1982, essa província fazia parte da antiga região de Castela Velha, tendo sido instituída em comunidade autônoma, com seu novo nome, depois da constituição espanhola de 1978.

Na parte norte, chamada Rioja Alta, o clima é atlântico, com temperaturas amenas, variando entre 4 °C no inverno e 22 °C no verão, com precipitações moderadas; a parte sul, a Rioja Baja, é mais seca e quente, com clima mediterrâneo na zona oriental, embora os invernos sejam frios, principalmente nas áreas mais elevadas. As condições edafoclimáticas são ideais tanto para a viticultura como para a olivicultura. Embora a primeira predomine em toda a região, a produção de azeites vem se ampliando consideravelmente, em função do aumento da demanda mundial.

- DOP Aceite de la Rioja – A zona geográfica de produção dessa DOP coincide com a da DOP homônima de vinhos e abrange todo o território da comunidade, com uma superfície total de 503.388 ha. A regulamentação pertinente não especifica as variedades que devem ser usadas na produção, mas normalmente se empregam as tradicionalmente cultivadas na região: redondilla, arbequina, empeltre, macho, negral, royal, hojiblanca, arroniz, verdial, picual, cornicabra, manzanilla e blanqueta. O produto resultante é de cor verde, variando entre o verde-claro intenso e o verde-escuro intenso. O sabor muda um pouco com o período em que é feita a colheita: no início da campanha, é frutado, persistente na boca, com matizes de azeitonas verdes e ligeira sensação de amêndoas doces; à medida que a campanha avança, torna-se mais doce, sem amargor e ligeiramente picante.

Grécia

> Quando os figos estão bem maduros, abrem-se;
> e nas azeitonas maduras a circunstância
> de estarem próximas da podridão
> acrescenta às frutas uma beleza especial.
> *Marco Aurélio (121 d.C.-180 d.C.), imperador romano*

A importância da olivicultura na Grécia é tanta, que este é o único país europeu que até hoje permite, no período da colheita anual das azeitonas, que os funcionários públicos voltem a suas aldeias de origem para "dar uma mãozinha". Para declarar que alguém é realmente um grande amigo, os gregos dizem: "Comemos pão e azeitonas juntos".

Não é sem razão que os gregos têm toda essa intimidade com as oliveiras, as azeitonas e o azeite: convivem com elas há milhares de anos!

Esses ideogramas, gravados em placas de cerâmica num sítio arqueológico perto de Archanes, em Creta, mostram que os minoicos, antigos habitantes da ilha, já conheciam a oliveira e seus produtos pelo menos quinhentos anos antes de Atenas aparecer na história:

Oliveira   Azeitona   Azeite

Hoje em dia, encontram-se olivais por todos os cantos da Grécia, com exceção, naturalmente, das montanhas muito altas. Mas como o país é pequeno e montanhoso, cercado pelo mar por quase todos os lados, incluindo um número enorme de ilhas e com pouca terra cultivável, os olivicultores gregos são obrigados a plantar principalmente nas encostas dos montes, o que dificulta muito a colheita, que quase sempre é manual.

Pela mesma razão, a maioria dos olivais são pequenas operações familiares, cujos frutos são usados tanto para a preparação de azeitonas de mesa como para a extração de azeite. Num e noutro caso, as áreas de produção mais importantes são o Peloponeso e Creta, mas há olivais em muitas outras ilhas, como Lesbos e Corfu, e também na área continental, principalmente em torno de Delfos.

Há um grande número de lagares, geralmente usados por diversos produtores das áreas próximas, que quase sempre recebem em troca, para seu consumo familiar ou para vender por conta própria, uma parte do azeite extraído das azeitonas que entregam. Tradicionalmente, esses lagares são operados por empresas que não apenas processam e embalam o azeite, como também estão envolvidas em sua distribuição a granel e em sua comercialização: vendem seu produto para os atacadistas que se encarregam da distribuição, seja no mercado interno, seja no exterior.

Entretanto, com o crescimento do mercado e da produção de azeite ocorrido na última década, surgiram várias cooperativas de olivicultores, as quais não somente produzem as azeitonas como também extraem, embalam e comercializam o produto.

A Grécia é o terceiro maior produtor de azeite no mundo, depois da Espanha e da Itália, com 414 mil t na campanha de 2002/2003, 308 mil t na de 2003/2004 e 435 mil t na de 2004/2005, segundo dados do COI. Talvez seja em virtude do sistema de produção ainda pouco sofisticado, baseado em pequenas operações, que mais de 70% de todo o azeite produzido na Grécia é extravirgem, enquanto na Itália o percentual é de 50% e, na Espanha, de apenas 20%. Atualmente, 90% das exportações gregas de azeite extravirgem vão para países da União Europeia (80% a granel e 10% já embalados), sendo a Itália o maior importador, que compra 75% (100 mil t/ano) de todo o azeite exportado pela Grécia.

A Grécia é também o país com maior consumo interno *per capita* de azeite de oliva: cerca de 20 *l*/ano, em média, chegando a 35 *l*/ano no Peloponeso. Para se ter uma ideia de como é grande a quantidade de azeite consumida pelos gregos, basta lembrar que na Itália, que ocupa o segundo lugar em termos de consumo *per capita*, o consumo é de cerca de 13,5 *l*/ano – grandes números, se comparados ao apenas 0,6 *l*/ano consumido nos Estados Unidos, onde só recentemente o azeite foi incluído nos hábitos alimentares da maioria da população. Durante as campanhas de 2000 a 2004, a média grega de consumo interno total foi de 270 mil t/ano, a maior parte (42%) proveniente de produção familiar própria, 33% adquiridos a granel, diretamente dos produtores, e apenas 25% representados por azeite comprado em embalagens identificadas por marcas comerciais.

Em virtude desse grande consumo interno, as exportações gregas de azeite ainda são relativamente pequenas, quando comparadas à sua produção. Contudo, com o grande crescimento da demanda mundial do produto, principalmente nos mercados não europeus, como o Canadá, a Austrália, o Japão e os Estados Unidos, além dos novos mercados que estão se abrindo, como a China e o Sudeste Asiático, tanto a produção como as exportações do país também tendem a se expandir em futuro bem próximo.

A Grécia também exporta óleo de bagaço de oliva, em volumes que ficaram entre 20 t e 40 t/ano, na década de 1990. A maior parte das exportações vai, da mesma forma, para a União Europeia, sendo a Itália e a Espanha os maiores importadores.

O grande volume das importações italianas e espanholas de azeite virgem e a granel, além do de óleo de bagaço de oliva, se explica por uma prática bastante comum naqueles países: refinar azeites importados, de preços inferiores aos dos produzidos no próprio país, para misturá-los tanto a azeites virgens locais de acidez superior à permitida como a óleos de sementes, e depois exportá-los para países com padrões menos severos de controle de qualidade. Essa prática é legalmente proibida na Grécia, onde não se permite a mistura de azeites locais com azeites não gregos.

O azeite de oliva extravirgem grego costuma ser classificado em quatro tipos diferentes: o normal, o orgânico, o DOP (Designação de Origem Protegida) e o IGP (Indicação Geográfica Protegida). Mas, na verdade, a maioria dos azeites gregos pode ser considerada orgânica, porque as pulverizações com inseticidas foram proibidas no país, e muitos produtores não usam fertilizantes.

Há inúmeros cultivares de oliveiras na Grécia, entre os quais agrinion, alepo, anfisa, atalanti, royal, elitses, nafplion. Na ilha de Lesbos cultiva-se a autóctone kolovi, que origina azeites de cor amarela, muito aromáticos, de textura leve; na prefeitura de Chania, em Creta, a koroneiki, muito resistente à seca, que resulta em azeites estáveis e muito apreciados. Na prefeitura de Messênia, no Peloponeso, cuja capital é a cidade de Kalamata, predomina a kalamon – também conhecida como kalamata em outros países onde é cultivada, como a Argentina e a Austrália –, que é usada para preparar as azeitonas de Kalamata, possivelmente as mais famosas e apreciadas azeitonas de mesa de todo o mundo. Também são cultivadas na região variedades próprias para a extração de azeite, como a koroneiki, que nessa área costuma ser colhida ainda verde, proporcionando um azeite de um tom verde bem escuro.

Confirmando o reconhecimento internacional da excelência de seus azeites, a Grécia tem, atualmente, 11 IGPs e 14 DOPs de azeite registradas na União Europeia, entretanto, entre estas últimas, 8 estão localizadas na ilha de Creta e 6 no Peloponeso.

Portugal

O azeite foi, com certeza, um dos primeiros produtos portugueses a ser exportado. O cultivo da oliveira, trazido para a península Ibérica pelos fenícios (1050 a.C), somente se desenvolveu significativamente depois que os romanos derrotaram os cartagineses nas Guerras Púnicas e conquistaram a Ibéria, transformada em província romana a partir de 45 a.C. Já nesse período, o azeite de Portugal tinha fama de boa qualidade e era exportado para outras regiões do Império Romano. Mesmo após a queda deste e a conquista da região pelos bárbaros vindos do Norte da Europa, a olivicultura continuou sendo importante na região, tanto que o Código Visigótico de 506, em suas leis de proteção à agricultura, prescrevia uma multa de 5 soldos para quem arrancasse uma oliveira alheia, embora para as demais árvores a multa fosse de apenas 3 soldos.

Quando os árabes conquistaram a península Ibérica, no século VII, deram um novo impulso à olivicultura da região, introduzindo cultivares trazidos do Norte da África e aperfeiçoando tanto as técnicas de cultura como as de extração do azeite. Sua influência no setor foi tão grande, que o espanhol e o português são as únicas línguas europeias em que os produtos da oliveira têm nomes provenientes do idioma árabe. Muitos autores afirmam que, até hoje, as províncias em que a olivicultura é mais desenvolvida são aquelas em que a reconquista chegou mais tardiamente. Os forais – documentos que concediam terras para agricultura – dados pelos reis portugueses aos mouros de Lisboa, Almada, Palmela e Alcácer do Sal, em 1170, do Algarve, em 1269, e de Évora, em 1273, referem-se expressamente à condição de que parte das terras fosse usada para a cultura da oliveira. Em um documento do século XIV, a coroa concede aos concelhos de Évora e de Coimbra, em que se cultivava a oliveira, os mesmos privilégios que tinham os produtores de Lisboa, isto é, "podiam carregar o azeite no rio e foz do Mondego, assim para fora do Reino como para o interior". E foi em Portugal, precisamente em Évora, que em 1392 foi lavrada a primeira regulamentação do ofício de lagareiro de que se tem notícia.

Na época dos descobrimentos, nos séculos XV e XVI, o azeite e o vinho continuaram a fazer parte da lista dos produtos portugueses mais exportados, com as terras próximas a Coimbra e Évora sendo, ainda, as que tinham maior produção de azeite. A partir de 1555, o consumo do produto aumentou muito, pois começou a ser utilizado com frequência na iluminação. Foi então que a olivicultura se espalhou por todo o ter-ritório nacional, e os ofícios ligados a ela ganharam maior importância econômica e social. Vendia-se grande quantidade de azeite, tanto dentro do reino como para os mercados do Norte da Europa e para o ultramar, em especial para a Índia.

Uma curiosidade interessante desse período da história da olivicultura portuguesa é o papel que tiveram nela os judeus sefardis portugueses, segundo o doutor Manuel Luciano da Silva.[8] Em uma de suas conferências,[9] esse autor afirmou que, quando a Inquisição começou a perseguir os judeus portugueses, alguns foram esconder-se na Beira Alta e na Beira Baixa, acabando por se converter – eram os chamados "cristãos novos" – e por permanecer na região, dedicando-se à olivicultura. Outros, porém, fugiram do país, e os que foram para a Inglaterra possibilitaram a introdução do prato que lá é hoje o mais popular, o *fish and chips* – peixe e batatas fritas –, por terem ensinado os ingleses a fritar peixe com o azeite português que tinham trazido.

Logo depois, entretanto – no período em que Portugal foi reanexado à Espanha, entre 1580 e 1640, e com a forte recessão que se seguiu –, houve uma queda acentuada na produção, e o mercado negro, o açambarcamento e a especulação oneraram o produto. Em consequência, reduziu-se também, significativamente, o volume das exportações. Essa crise foi muito bem descrita por Antero de Quental, em seu famoso discurso "As causas da decadência dos povos peninsulares", pronunciado em 1871. Nesse discurso, Quental lembrou que

> no reinado de D. Fernando era Portugal um dos países que mais exportavam. A Castela, a Galiza, a Flandres, a Alemanha, forneciam-se quase exclusivamente de azeite português; a nossa prosperidade agrícola era suficiente para abastecer tão vastos mercados

e acrescenta, mais adiante, que, depois dos descobrimentos, "o proprietário, o agricultor, deixam a charrua e fazem-se soldados, aventureiros: atravessam o oceano, à procura de glória, de posição mais brilhante ou mais rendosa"; e assinalou então que, em consequência desse e de outros fenômenos, o custo de produção aumentou, e "a concorrência doutras nações, que produziam mais barato, esmaga-nos. Não só deixamos de exportar, mas passamos a importar".

---

[8] Médico e pesquisador de história português (1926-2012), passou a viver nos Estados Unidos a partir de 1946. Publicou diversos trabalhos sobre a contribuição dos portugueses para a história e cultura dos Estados Unidos.

[9] Conferência "A odisseia dos judeus portugueses", pronunciada em 21-2-1999, na Universidade Roger Williams, em Bristol, Rhode Island, Estados Unidos.

No século XVIII, os proprietários dos olivais começaram a manifestar seu ressentimento contra o monopólio dos lagares, cuja posse era reservada às ordens religiosas e a alguns donatários privilegiados. Nesse momento houve, novamente, uma baixa de produção. Coimbra deixou de ser o principal centro produtor, e o azeite de Santarém passou a ser considerado o de melhor qualidade. Além disso, como todo o resto da agricultura e de toda a atividade econômica portuguesa, a olivicultura também foi afetada pelo tristemente famoso tratado de Methuen, firmado entre Portugal e a Inglaterra, em 1703. Por esse tratado comercial, Portugal retirou todas as barreiras à entrada de produtos manufaturados ingleses – especialmente tecidos – em seu país, comprometendo-se a pagar por eles com vinho português. Mas, à medida que aumentava o preço dos manufaturados ingleses, era preciso uma quantidade cada vez maior de vinho para pagar pelas importações portuguesas, e muitas terras, antes dedicadas à olivicultura, passaram a ser usadas para plantar videiras. Com o tempo, as empresas inglesas de importação e exportação acabaram se assenhoreando não somente da comercialização, mas de todas as fases de produção dos vinhos portugueses – com exceção do cultivo da uva –, e estenderam seu domínio também para outros produtos, entre eles o azeite. Ao mesmo tempo, a proibição de instalação de novas indústrias em Portugal impossibilitou a modernização da tecnologia de fabricação do azeite, que continuou muito rudimentar até há bem poucos anos.

Apesar de tantas crises e vicissitudes, entretanto, a olivicultura portuguesa conseguiu sobreviver, e até manter um certo padrão de qualidade, tanto que um azeite português foi premiado na Exposição de Paris de 1889.

Durante a primeira metade do século XX, o setor, se não cresceu, pelo menos manteve seus níveis tradicionais de produção. A partir do final da Segunda Guerra Mundial, porém, começou um grande êxodo da população rural, provocado tanto pelo início do desenvolvimento industrial de Portugal, como pelas oportunidades de emigração para países empenhados na recuperação de sua economia, como a França e a Alemanha. Com isso, a mão de obra para a olivicultura escasseou, e o custo de produção se elevou bastante. Por outro lado, a demanda se reduziu, em virtude do aparecimento no mercado de diversos tipos de óleos de sementes, mais baratos. Assim, a lucratividade do setor caiu dramaticamente, impedindo a realização de investimentos na mecanização da colheita e em sistemas de irrigação. Em consequência, os 570 mil ha de olivais que existiam na década de 1950 reduziram-se a cerca de 330 mil ha, na década de 2000. A produção recorde de 120 mil t atingida em 1953 nunca mais se repetiu, e atualmente a média anual é de 35 mil t.

Com a adesão do país à União Europeia, em 1986, o setor olivícola foi incentivado a recuperar-se, reestruturando os olivais a partir de 1998, quando a União Europeia lançou a Portugal o desafio de plantar, até o fim de 2006, 30 mil ha de novos olivais, adequando os meios de produção, modernizando equipamentos, racionalizando os setores de transformação e comercialização e adotando regras de proteção ao meio ambiente.

A olivicultura em Portugal é de importância econômica relevante, uma vez que os olivais correspondem a 36% da atividade agrícola do país. Mesmo assim, não é fácil manter positiva a balança comercial do azeite português, pois na última década do século XX o consumo interno aumentou mais rapidamente do que a produção, indo de 24 mil t, em 1990/1991, para cerca de 60 mil t, em 2000/2001. Na campanha de 2004/2005, o consumo interno foi de 74,5 mil t, segundo dados do COI. A mesma fonte informa que a produção média anual das campanhas de 1997/1998 a 2004/2005 foi de 35,9 mil t, com um pico de produção de 50,2 mil t, em 1999/2000. O consumo interno, por outro lado, teve uma média anual de 64,6 mil t, no mesmo período (indicando um consumo médio anual *per capita* de cerca de 6 *l*, o dobro da década anterior).

Esses números mostram que Portugal necessita importar boa parte do azeite que consome – cerca de dois terços, de fato, pois, além de o consumo ser bem maior do que a produção, cerca de um terço dela é destinado à exportação. O Brasil, seu maior comprador, absorve aproximadamente 70% do total das exportações portuguesas de azeite, seguido bem de longe pela Espanha, Venezuela, Estados Unidos, França e Cabo Verde. A propósito, vale observar que a predominância, no Brasil, do azeite vindo de Portugal é tradicionalmente tão grande, que muitas vezes a expressão "azeite português" é usada para designar todo e qualquer azeite de oliva, sem distingui-lo de óleos de outras origens também chamados popularmente "azeite", como, por exemplo, o azeite de dendê.

Em vista dos problemas que vinham sendo enfrentados pelo setor, a Associação Central de Agricultura de Portugal (CAP) promoveu, a partir de 2002, diversas discussões e ações no sentido de "dizer que a olivicultura existe e que há necessidade imperiosa de a organizar", como expressou, na ocasião, Mário de Abreu Lima, vice-presidente daquela instituição. Segundo ele, a fraca competitividade do azeite português se deve a "uma certa dificuldade" de agregação e associativismo entre produtores e transformadores, o que resulta em lotes de comercialização muito pequenos.

De fato, a maioria dos olivais portugueses está em minifúndios de propriedade familiar, de modo que, quando os produtores são confrontados com pedidos de grandes quantidades de azeite, não têm condições de atendê-los. Na verdade, os olivicultores portugueses não têm como competir, em preço, com seus vizinhos espanhóis, que produzem quantidades muito superiores. A solução proposta pela CAP foi que se apostasse na produção de azeites de Denominação de Origem Protegida, uma vez que, ainda no dizer do dirigente da entidade, "todo o azeite de qualidade é vendido".

Tudo indica que as sugestões da CAP foram seguidas. Portugal tem, hoje, cinco denominações de origem protegida e reconhecidas pela União Europeia: Azeite de Moura DOP, Azeite de Trás-os-Montes DOP, Azeite do Ribatejo DOP, Azeite da Beira Interior DOP (que compreende duas menções – Azeite da Beira Alta DOP e Azeite da Beira Baixa DOP), e Azeites do Norte Alentejano DOP. Além dessas, existe uma Denominação de Origem (DO) regulamentada nacionalmente, a Azeite do Alentejo Interior DO.

- Moura DOP – Sua área geográfica de produção abrange oito freguesias do concelho de Moura, sete freguesias do concelho de Serpa e a freguesia da Granja, do concelho de Mourão, todas localizadas na parte leste do distrito de Beja, no Baixo Alentejo, perto da fronteira espanhola.

O azeite extraído das variedades galega (a mais comum em Portugal), verdeal e cordovil tem cor amarela intensa, com reflexos esverdeados, e perfume e sabor ligeiramente amargos e picantes, durante os primeiros meses após a extração.

Em Moura existe um museu do azeite, o Lagar de Varas do Fojo, do século XIX, cuja visita é proposta pelo itinerário turístico Rota do Azeite Alentejano, que inclui a zona de produção da Moura DOP, com as outras áreas produtoras do Alentejo, o Norte Alentejano e o Alentejo Interior.

Trás-os-Montes DOP – Circunscrita aos concelhos de Mirandela, Vila Flor, Alfândega da Fé, Macedo de Cavaleiros, Vila Nova de Foz Côa, Carrazeda de Ansiães, além de 16 freguesias do concelho de Valpaços, 5 de Murça, 11 de Moncorvo, 8 de Mogadouro, 2 de Bragança e a de Santulhão, no concelho de Vimioso, esta é a zona de produção DOP mais setentrional do país.

Já na primeira metade do século XVI havia referências à produção de azeite na região. Hoje, ela é percorrida pela Rota do Azeite de Trás-os-Montes, itinerário turístico que propõe visitas aos quinze concelhos que integram a área geográfica de produção da DOP, para degustação dos azeites ali produzidos com os cultivares verdeal transmontana, madural, cobrançosa e cordovil. São azeites de cor amarelo-esverdeada e aroma e sabor de frutas frescas, por vezes amendoado, com agradáveis sensações de doce, verde, amargo e picante.

Em dezembro de 2004, cinco azeites desta DOP participaram de um concurso promovido na Itália pelo guia *L'extravergine 2005* com o propósito de identificar os quinze melhores azeites de oliva extravirgens do mundo: Romeu, de Mirandela; Alfandagh, de Alfândega da Fé; CARM Premium, de Almendra; Casa Grande, de Freixo de Numão; e Rosmaninho, de Valpaços, tendo sido o Romeu um dos três azeites não italianos que obtiveram a cobiçada classificação, segundo notícia publicada no *Diário de Notícias* de 20 de dezembro de 2004.

O azeite Casa Grande, por sua vez, ganhou o primeiro prêmio no Concurso Internacional da Expoliva, em 2003, e a medalha de prata, em 2005.

- Azeites do Ribatejo DOP – Área geográfica delimitada aos concelhos de Abrantes, Alcanena, Alvaiázere, Constância, Entroncamento, Ferreira do Zêzere, Gavião, Golegã, Santarém, Sardoal, Tomar, Torres Novas e Vila Nova da Barquinha, além de 2 freguesias do concelho de Alcobaça, 1 de Azambuja, 4 de Cartaxo, 15 de Ourém, 8 de Porto Mós e 12 de Rio Maior, todas na antiga região do Ribatejo, ao norte de Lisboa. São azeites produzidos com os cultivares galega e/ou lentisca, na porcentagem mínima de 55%, cobrançosa (no máximo 45%), outras variedades (máximo de 5%) e exclusão absoluta da variedade picual; têm cor amarelo-ouro ligeiramente esverdeada, são frutados e um pouco espessos.

- Beira Interior DOP – Zona de produção dividida em duas áreas distintas, conforme as menções adicionais Beira Alta ou Beira Baixa, em cuja produção são usadas, para ambos os casos, as variedades bical e galega. A Beira Interior compreende áreas do Centro-Norte de Portugal que não possuem litoral e estão próximas da fronteira com a Espanha.

Os azeites da Beira Alta, com área de produção circunscrita aos concelhos de Meda, Figueira de Castelo Rodrigo, Pinhel, Guarda, Fornos de Algodres, Trancoso, Celorico da Beira, Seia, Gouveia, Manteigas e Almeida, têm coloração amarela levemente esverdeada, com aroma *sui generis* e sabor frutado.

Já os azeites da Beira Baixa têm área de produção circunscrita aos concelhos de Sabugal, Covilhã, Belmonte, Fundão, Penamacor, Idanha-a-Nova, Castelo Branco, Vila Velha de Rodão, Proença-a-Nova, Oleiros, Sertã, Vila de Rei e Mação, e sua cor é amarelo-clara, sendo o sabor também frutado e peculiar.

- Norte Alentenjano DOP – Delimitada aos concelhos de Alter do Chão, Arronches, Avis, Borba, Campo Maior, Castelo de Vide, Crato, Estremoz, Elvas, Fronteira, Marvão, Monforte, Redondo, Portalegre, Sousel, Vila Viçosa, Alandroal, Nisa e Reguengos de Monsaraz, além de cinco freguesias do concelho de Évora e duas de Mourão, a área de produção dessa DOP fica entre as do Alentejo Interior e Moura, ao sul, e a da Beira Baixa, ao norte. Os azeites são produzidos com os cultivares galega, que predomina, cobrançosa e blanqueta. São densos, de cor amarelo-ouro, às vezes levemente esverdeados, com aroma suave e gosto frutado de frutas secas.

- Alentejo Interior DO – Denominação de origem ainda não reconhecida pela União Europeia, mas que já está regulamentada pelas autoridades portuguesas. Sua zona de produção é naturalmente circunscrita à área conhecida por Alentejo Interior, que compreende a totalidade dos concelhos de Portel, Vidigueira, Cuba, Alvito, Viana do Alentejo, Ferreira do Alentejo e Beja, e, ainda, três freguesias do concelho de Aljustrel, uma de Castro Verde, uma de Mértola e uma de Alcácer do Sal.

  Essa região é caracterizada por condições edafoclimáticas muito particulares, que produzem um ambiente natural privilegiado para o desenvolvimento da oliveira, com uma gama de solos variada, mas todos eles ricos em cálcio e potássio. As variedades apropriadas são a galega vulgar, presente num mínimo de 60%, e a cordovil de Serpa e/ou cobrançosa, presentes num máximo de 40%. É também tolerado um máximo de 5% de outras variedades, com proibição, porém, do emprego das variedades picual e maçanilha.

  Na região dessa DO, não se pode deixar de mencionar o azeite Cortes de Cima, que começou a ser produzido em 2004 e, no primeiro ano de seu lançamento comercial, já recebeu uma menção honrosa no XIII Concorso Leone d'Oro dei Mastri Oleari e a medalha de ouro no Los Angeles Country Fair 2004. O mais curioso sobre o Cortes de Cima – que também produz vinhos DOP já bastante conhecidos no mercado internacional – é que, embora empresa familiar, como a maioria de suas congêneres em Portugal, não pertence a uma família portuguesa, mas sim à família Jorgenssen, originária da Dinamarca, estabelecida em Portugal há menos de quinze anos.

A galega vulgar é a variedade mais difundida em Portugal. É uma planta muito resistente, mas seus frutos são pequenos e rendem pouco azeite. Já a cordovil e a verdeal, as duas outras variedades mais usadas, apresentam alto rendimento. Esses são os cultivares mais importantes no país, embora existam muitos outros, entre eles santulhana, negrinha, madural, galega grada e verdeal de Serpa.

Uma interessante nota final, que contribui para confirmar o esforço de modernização que vem sendo feito pelos olivicultores portugueses, é a notícia publicada pela agência nacional de Israel, cuja manchete é: "Pela primeira vez, desde a expulsão de seus judeus no século XV, Portugal está produzindo um azeite de oliva *kosher*, sob estrita supervisão rabínica".[10] O produto, que é certificado como *kosher*, inclusive sob os requisitos mais severos estabelecidos para o uso no Pessach, a páscoa judaica, é comercializado sob o nome Ribeiro Sanches Kosher. É elaborado na cidade de Penamacor, na área geográfica dos Azeites da Beira Baixa DOP, pela Penazeites, uma das mais importantes empresas portuguesas do setor, sob a supervisão de Elisha Salas, um emissário da organização Shavei Israel, de Jerusalém, que presta serviços como rabino à comunidade judaica da cidade do Porto. Como um gesto de reconciliação, o rótulo traz os dizeres: "Pelo retorno do povo judeu", e inclui até mesmo uma citação do Talmud, que diz: "O rabino Yehoshua ben Levi disse: 'Por que Israel pode ser comparado a uma oliveira? Porque do mesmo modo que as folhas de uma oliveira não caem, seja no verão ou no inverno, assim também o povo judeu não será arrancado'".

---

[10] Disponível em http://www.israelnationalnews.com/news.php3?id=80847. Acesso em 28-2-2018.

França

A produção francesa de azeite na campanha de 2004/2005 foi de 5 mil t, enquanto o consumo interno ficou em torno de 97 mil t. Embora o país pudesse ter uma área de produção olivícola muito maior, pois o paralelo 45° passa por Bordéus e Grenoble, os olivais franceses se concentram no Languedoc-Roussillon e na Provença, além da ilha da Córsega.

Porém, apesar dessa produção reduzidíssima quando comparada à de seus vizinhos da bacia Mediterrânea, não se pode deixar de mencionar os azeites franceses, pela sua excelente qualidade. Afinal, o sistema Appellation d'origine controlée (AOC) foi criado na França, em 1919, e, após mais de oitenta anos, seus rigorosos critérios de avaliação nada deixam ao acaso. Existem, hoje, cinco azeites AOC no país, dos quais quatro são reconhecidos pela União Europeia:

- AOC Aix en Provence – Ocupa uma área de 800 ha ao norte de Marselha, onde sopra um vento quente e seco proveniente do mar Mediterrâneo. Cerca de 80% das árvores pertencem às variedades salonenque, aglandau e cayenne; os demais cultivares restantes são bouteillan, verdale e grossane. O azeite produzido é rico em aromas, que vão de alcachofra a maçã, passando por amêndoa, grama fresca ou cogumelos.

- AOC Nyons – Este terroir se situa no limite setentrional. São mil hectares de solo pobre e seco. O cultivar autóctone utilizado é o *tanche*, que ocupa praticamente 95% de toda a área.

- AOC de la Vallée des Baux de Provence – Situada na parte nordeste de Bouches-du-Rhône, a região, de 1,7 mil ha, goza do quente clima mediterrâneo, mas recebe ventos frios e secantes. Predominam os cultivares salonenque, aglandau, grossane e verdale. O azeite AOC deve ser fabricado com pelo menos 80% de duas dessas quatro variedades. Alguns lagares misturam azeitonas verdes e pretas para obter um azeite picante, com sabor de grama, amêndoas frescas, maçãs e tomates verdes e alcachofra cozida. Outros preferem deixar que as azeitonas fermentem, com o objetivo de privilegiar os perfumes da azeitona preta, do cacau, das trufas e dos cogumelos.

- AOC Haute Provence – Todos os olivais da região estão plantados a altitudes entre 400 m e 800 m, sujeitas a temperaturas baixas na primavera e muito altas no verão. Para fabricar o azeite AOC, só podem ser utilizadas azeitonas da variedade aglandau, que cobre a maior parte da área. O azeite é frutado intenso, com aromas de alcachofra, pimenta e banana.

- AOC Olive de Nice – A única AOC francesa que ainda não é reconhecida como DOP pela União Europeia. Tem zona de produção limitada a um terreno acidentado, com área de 3 mil ha, que fica ao norte de Nice, próximo à fronteira da Itália. Goza de clima mediterrâneo, quente e seco. O azeite AOC é monovarietal, só podendo ser utilizada a variedade cailletier – que produz azeitonas minúsculas, colhidas bem maduras, entre dezembro e março. O produto final é delicadamente frutado e sutilmente perfumado, com aromas de avelã, alcachofra, amêndoas frescas e anis.

Produtores da bacia do Mediterrâneo

As mulheres americanas poderiam reduzir o risco de câncer de mama em até 50%, se consumissem mais azeite de oliva em lugar de gorduras saturadas.

Doutor Dimitrios Trichopoulos, Departamento de Epidemiologia da Universidade de Harvard

Tunísia

A Tunísia é, atualmente, o segundo maior exportador de azeite de oliva do mundo, depois da União Europeia. Se falarmos em países exportadores, está em quarto lugar, depois da Espanha, da Itália e da Grécia. Ocupando uma área de cerca 1,6 milhão de ha, a olivicultura tunisiana cresceu significativamente na década de 1990, e passou a desempenhar papel importantíssimo na vida econômica do país: as exportações do azeite de oliva contribuíram com quase 50% do total das exportações de produtos agroalimentares.

A principal razão desse notável incremento no volume produzido foi que, de 1990 a 2005, investiu-se muito no setor de transformação, o que permitiu renovar os equipamentos e trocar os velhos sistemas, pouco produtivos, por outros mais modernos e eficientes, elevando a capacidade de produção a mais de 100 t/dia.

Com isso, na década de 1990, a média da produção anual – 172,8 mil t – foi 43% maior que a média anual da década anterior. Apesar da média relativamente elevada e do aperfeiçoamento de tecnologia, porém, o volume de produção sofreu grandes flutuações, decorrentes tanto das variações no nível de precipitação pluvial como da alternância característica da oliveira: a um bom ano segue-se outro mau.

Os olivais, tanto em rigorosa monocultura como misturados a outras culturas, estão distribuídos por todo o país, desde as áreas de clima mais ameno, próximas ao Mediterrâneo, até as regiões desérticas do extremo sudeste. A multiplicidade de microclimas permite o cultivo de um número bem grande de variedades de azeitonas típicas do país – chamlali, chetoui, meski, oueslati, zalmati, chamchali, zaeazi, barouni, gafsi – e de outras provenientes do estrangeiro (picholine, marsaline, manzanilla, etc.).

O azeite de melhor qualidade é produzido na região de Cartago: é de cor esverdeada, com aroma e sabor que lembram frutas frescas, com uma nuança de amargor.

Turquia

Na Turquia, há quem diga que o caminho de uma pessoa para o céu é pavimentado com os caroços das sete azeitonas que deveria comer a cada dia. O país está entre os cinco maiores produtores de azeite de oliva do mundo, depois da Espanha, Itália, Grécia e Tunísia. É curioso observar que, mesmo assim, a Turquia é o país da bacia do Mediterrâneo onde menos se consome o produto, sendo o consumo *per capita* de apenas 1 kg/ano.

Na década de 1990, a produção média anual foi de 92 mil t, cifra que, segundo o COI, aumentou para 102 mil t ao final da campanha de 2004/2005, como resultado do esforço em modernizar os equipamentos dos lagares e atualizar a tecnologia para aumentar a produtividade.

A Turquia exporta azeite de oliva, quase sempre refinado e a granel, para aproximadamente setenta países, entre eles Canadá, Austrália,

Japão, Federação Russa, Estados Unidos e diversos países da América Latina. Os dois maiores produtores e exportadores mundiais de azeite – Espanha e Itália – também importam o produto turco (geralmente para misturá-lo aos azeites locais e vendê-lo como se fosse "todo espanhol" ou "todo italiano").

A maior parte dos olivais turcos é pequena, e a colheita mecânica é rara. A área do país mais intensamente cultivada com olivais fica próxima ao mar de Mármara, onde predomina a variedade gemlik, que serve para produzir tanto azeitonas de mesa como azeite. Também há olivais ao longo das costas do Egeu e do Mediterrâneo, nos quais predomina o cultivar memecik, que cobre 45% do total da área cultivada do país. Suas azeitonas servem tanto para a mesa como para a extração de azeite. A variedade ayvalik, que é a segunda mais comum (20% do total da área cultivada), tem a grande vantagem de prestar-se bem à colheita mecânica, além de produzir azeite de boa qualidade. As variedades memeli e cekiste são comuns na área de Izmir. Além desses cultivares predominantes, há na Turquia diversos outros: domat, trilya, uslu, elebi e erkence.

Provavelmente o azeite de oliva turco mais conhecido seja o da famosa área de Adatepe, onde fica o mitológico monte Ida: de cor amarelo-ouro tendendo ao esverdeado, tem textura macia, aroma herbáceo e um sabor delicado que lembra frutas frescas.

O azeite de oliva turco também é famoso por sua ligação a um insólito e antiquíssimo esporte, o *Yagli gures* (literalmente, "luta azeitada"), que é praticado nesse país desde o século XI a.C. Esse esporte também era praticado no Egito e na Assíria, há pelo menos 4 mil anos.

Considerada um esporte nacional turco, essa luta tem um fundamento religioso/espiritual: baseia-se no princípio de que uma competição que não promova a harmonia entre matéria e espírito seria prejudicial ao desenvolvimento do caráter. Por essa razão, antes da luta cada participante besunta com azeite o corpo do adversário, num gesto que é considerado uma demonstração de equilíbrio e respeito mútuo. E quando um lutador mais jovem derrota um outro de mais idade, deve beijar-lhe a mão ao fim da luta, em sinal de respeito. Todos os anos, centenas de lutadores vestem justíssimas calças de couro, chamadas *kisbet*, para participar do maior torneio nacional, cujas competições finais são realizadas em junho-julho, na histórica cidade de Edirne.

Síria

A olivicultura é um dos cultivos agrícolas mais antigos da Síria, e extremamente importante para sua economia. Há alguns anos, cultivavam-se poucos tipos de azeitona, e somente em determinadas áreas do país. Hoje, porém, encontram-se oliveiras por toda parte, cobrindo uma área aproximada de 435 mil ha, além de uma considerável variedade de cultivares. Os predominantes são: al-zeiti, al-sorani e al-doebly; as azeitonas dos dois primeiros servem apenas para a extração de azeite, mas as do último podem também ser usadas como azeitonas de mesa.

Segundo dados do COI, a produção Síria de azeite dobrou entre a campanha de 1990/1991 e de 2002/2003: passou de 83 mil t para 165 mil t/ano, como resultado, principalmente, de uma política governamental que, a partir de 1988, vem estimulando o plantio de novas oliveiras com o objetivo de aumentar a produção.

O consumo também cresceu nesse período, mas em menor velocidade: de 62 mil t/ano, em 1990/1991, passou para 86 mil t/ano, em 2001/2002.

Até mesmo a análise mais superficial da tabela da página seguinte mostra que, embora a tendência média tenha sido de crescimento, houve um padrão acentuado da alternância "ano bom/ano ruim" na produção síria, de modo que, pelo menos com base nos dados publicados, o superávit sobre o consumo interno flutuou muito, ocorrendo inclusive um déficit, em seis dos quinze anos considerados. Em todo caso, parece que as oscilações na produção não criaram grandes problemas para o mercado interno.

Por outro lado, é bem possível que os dados oficiais de consumo interno sejam inexatos, principalmente os das primeiras campanhas do período, pois não aparecem as exportações, mesmo quando a produção superou bastante o consumo interno. Outra explicação possível para esse

Produção, consumo e exportação de azeite de oliva no período de 1990/1991 a 2004/2005 na Síria				
Campanha	Produção (em 1.000 t)	Consumo (em 1.000 t)	Diferença (em 1.000 t)	Exportação (em 1.000 t)
1990/1991	83,0	62,0	21,0	0,0
1991/1992	42,0	66,0	–24,0	0,0
1992/1993	86,0	67,0	19,0	0,0
1993/1994	65,0	69,0	–4,0	0,0
1994/1995	90,0	78,0	12,0	5,0
1995/1996	76,0	78,0	–2,0	11,0
1996/1997	125,0	85,0	40,0	6,0
1997/1998	70,0	95,0	–25,0	3,0
1998/1999	115,0	88,0	27,0	4,0
1999/2000	81,0	90,0	–9,0	2,5
2000/2001	165,0	110,0	55,0	10,0
2001/2002	92,0	86,0	6,0	5,5
2002/2003	165,0	128,5	36,5	30,5
2003/2004	110,0	150,0	–40,0	28,0
2004/2005	175,0	135,0	40,0	36,0

Fonte: COI (2005).

fenômeno é que essas pequenas diferenças viajem para países próximos, para consumo "local", mas é mais provável que o consumo doméstico seja mais alto do que mostram as estatísticas oficiais. Até agora, a diferença entre consumo e produção não parece ter criado grandes problemas para o mercado interno.

Nas três últimas campanhas, o volume de exportações cresceu de forma considerável, provavelmente como resultado das isenções concedidas aos exportadores do produto pelo governo, com o objetivo de estimular as vendas para o mercado externo. Porém, isso não foi suficiente para dar ao azeite sírio condições adequadas para competir no mercado internacional: para tanto, seria necessário investir na modernização dos processos de extração de azeite usados no país, pois apenas 20% são de sistema contínuo.

Marrocos

Localizado no Noroeste da África e banhado tanto pelo mar Mediterrâneo como pelo oceano Atlântico, o Marrocos se tornou província romana no século I d.C. e foi conquistado pelos árabes no século VII. Fez parte do Império Otomano até o final da Primeira Guerra Mundial, quando a França estabeleceu um protetorado sobre a maior parte da região. Em 1956, o país se tornou independente e adotou um regime monárquico constitucional. Hoje é, oficialmente, o Reino do Marrocos. Para concluir, lembramos ainda que, ao norte, sobre o estreito de Gibraltar, há um enclave espanhol formado pelas cidades autônomas de Ceuta e Melilla.

A agricultura emprega 50% da força de trabalho marroquina, e, nos últimos anos, os produtos orgânicos do país conquistaram um nicho no mercado europeu.

Os olivais estão mais concentrados nas grandes planícies da costa atlântica, onde também são cultivadas vinhas e frutas cítricas, todas culturas irrigadas a partir de poços artesianos. A variedade de azeitonas mais comum no Marrocos é a picholine marroquina, que tanto pode ser empregada para a extração de azeite como ser consumida como azeitona de mesa.

Há estudos do COI que sugerem mais investimentos na indústria olivícola do Marrocos, por ser, atualmente, o país que apresenta maior potencial de aumento da produção de azeite de oliva, dentre todos os países da bacia Mediterrânea.

Argélia

A Argélia fica no Noroeste da África, banhada pelo mar Mediterrâneo na parte setentrional. Foi parte dos impérios Romano, Bizantino e Otomano. Entre os séculos VII e VIII, foi invadida pelos árabes, que trouxeram para a região sua língua e sua cultura, além da religião muçulmana. Foi também território francês de 1848 a 1962, quando se tornou independente e passou a se chamar República Democrática e Popular da Argélia.

A agricultura – que se concentra nos vales férteis do Norte e nos oásis do Saara – emprega cerca de 25% da força de trabalho argelina. As principais culturas são, além da oliveira, trigo, aveia, frutas cítricas, uvas, figos e tâmaras. O setor industrial mais significativo é o de alimentos processados, com especial destaque para a produção de bebidas (principalmente vinhos) e de azeite de oliva.

Nos olivais argelinos, que ocupam uma área de quase 200 mil ha, predominam as variedades chemial e azeradj, esta última apropriada tanto para a fabricação de azeite como para o consumo de azeitonas de mesa.

Líbano

Muitas comunidades do Líbano apoiam sua economia na olivicultura, não só para consumo local como para exportação. O azeite de oliva é, portanto, muito importante para o país, cuja pequena área, entretanto, impede a obtenção de grandes volumes do produto. Segundo o COI, a média de produção libanesa de azeite de oliva na década de 1990 foi de 5,3 mil t/ano, mas não passou de 5,5 mil t/ano ao final da campanha de 2004/2005.

Com a ajuda de muitos organismos internacionais, o Líbano está tentando modernizar o equipamento de seus lagares, para que seu azeite de oliva conquiste, pela qualidade, o mercado internacional. Dada a competitividade desse mercado, dificilmente o Líbano teria chance de se tornar um grande exportador, isso por causa de suas características geográficas. Nos 32 mil ha de oliveiras hoje cultivados, predomina a variedade souri, que serve tanto para a elaboração de azeite como para o consumo de azeitonas de mesa.

Israel

O zambujeiro cresce nas florestas naturais de Israel desde tempos bem remotos, principalmente nas áreas da Galileia, Samaria e Judeia, mas também na planície de Sharon e no Neguev. A importância da oliveira é lembrada até hoje pelo nome de certos lugares, como o monte das Oliveiras e o Jardim de Guetsêmani (*Gat Shemen*, que significa "uma prensa de óleo"). O próprio emblema do moderno estado de Israel traz um menorá – candelabro sagrado em que somente se usava azeite combustível – ladeado por dois folhudos galhos de oliveira.

Fundamental para a economia da região desde tempos bíblicos, a olivicultura manteve-se presente mesmo depois da diáspora, durante os longos séculos em que a área esteve sob o domínio árabe. Como se não bastasse, ganhou um novo vigor após a fundação do Estado de Israel, em 1948. Apesar disso, Israel depende de importações – de seus vizinhos produtores e também da Espanha, da Itália e da Grécia – para satisfazer o excesso de demanda interna: seu consumo, até o momento, tem sido sempre bem maior do que a produção local. De fato, na década de 1990, segundo o COI, a média anual de produção de azeite de oliva em Israel foi de 4,6 mil t, enquanto a de consumo chegou a 7,1 mil t. Já na década de 2000, até a campanha de 2004/2005, a média sobe para 5,13 mil t/ano, enquanto a de consumo chega a 9,57 mil t/ano.

Israel tem cerca de 2 mil ha de olivais espalhados por todo o país, mas com maior concentração na Galileia, onde predomina a variedade autóctone souri, que resulta em um azeite verde, picante e aromático, com uma nuança de mel e odor de grama. No vale de Jezreel, além da mesma souri, os cultivares predominantes são barnea e nabali. A barnea, desenvolvida inicialmente em Israel, tornou-se hoje uma variedade internacional, cultivada inclusive na Austrália: tem alta produtividade e resulta em um azeite doce, com leve sabor frutado e aroma de feno recém-ceifado. Já a nabali produz uma azeitona maior do que a souri, é mais fácil de cultivar e bastante produtiva: a principal característica do azeite que produz é a textura leve e macia.

Também se cultivam variedades internacionais, como as espanholas manzanilla e picual, as italianas novo e leccino e a grega kalamata.

Os produtores israelenses estão agora apostando na qualidade dos azeites que produzem, de sabor e aroma mais acentuados que os dos azeites europeus.

Palestina

A Palestina é um território localizado ao sul do Líbano, entre a costa oriental do mar Mediterrâneo e a Jordânia. Durante os catorze séculos (1250 a.C a 133 d.C.) em que a região foi habitada pelo antigo povo judeu, teve governo próprio em alguns períodos, mas a maior parte do tempo esteve sob algum domínio estrangeiro: assírios, babilônios, persas, macedônios e, finalmente, romanos. Em meados do século II, os judeus foram expulsos de Jerusalém pelo imperador Adriano, e a área continuou sob domínio romano até a divisão que originou o Império Bizantino, a cujo governo a Palestina ficou submetida até 638 d.C., quando foi invadida pelos muçulmanos e passou a ser administrada pelos califas de Damasco, na Síria. A partir do século VIII, o domínio da Palestina foi disputado por califas de Bagdá, do Egito e da Síria, até a chegada dos cruzados e o estabelecimento do Reino Latino de Jerusalém, no final do século XI. Perto de cem anos depois, os cruzados foram derrotados por Salah al--Diin al-Ayyoubi (Saladino), e a região voltou a ser administrada pelos muçulmanos, a partir do Cairo. Em 1516 foi incorporada ao Império Otomano, cujo domínio se estendeu até a Primeira Guerra Mundial. Quando o Império Otomano foi derrotado pelos aliados, seus antigos domínios na Ásia Menor foram transformados em protetorados da França e da Inglaterra. Em 1922, a Liga das Nações estabeleceu o mandato da Inglaterra sobre a Palestina, com a recomendação de que fosse também estabelecido na região um estado israelita. Quando terminou o mandato britânico, em 1948, parte da área foi destinada ao estado independente de Israel, e a outra está em disputa desde então. No entanto, toda aquela área está marcada por diversas guerras e guerrilhas.

Atualmente, seu estatuto oficial é o de "território autônomo sob ocupação israelense", e inclui a Cisjordânia e a Faixa de Gaza.

Os olivais, porém, cobrem 40% da área cultivada dos territórios considerados oficialmente como palestinos, onde existem mais de 10 milhões de oliveiras, usadas para produzir azeite de oliva, madeira e sabonetes. O azeite representa entre 15% e 20% de toda a produção agrícola da região.

Segundo dados do COI, a média da produção palestina de azeite na década de 1990 foi de 10,1 mil t/ano, e, no primeiro quinquênio da década de 2000, teve uma média de 16,9 t/ano, ou seja, mais de 50% de crescimento. A média de consumo, entretanto, aumentou apenas cerca de 34%, de 6,3 mil t/ano, na década de 1990, para 8,5 t/ano, no período comparado. Verifica-se, portanto, que a Palestina não somente não tem necessidade de importar azeite de outros países como dispõe de um excedente do produto para exportar. De fato, na década de 1990, suas exportações foram, em média, de 3,9 mil t/ano, correspondendo a quase 40% do total de azeite produzido. Esse percentual aumentou para quase 45% na primeira metade da década de 2000, sem que houvesse necessidade, portanto, de sacrificar o consumo interno.

O azeite palestino tem sabor frutado e, por ser sempre produzido sem o uso de pesticidas ou herbicidas, está em condições de ser comercializado como "produto orgânico".

Líbia

A Líbia está localizada no Norte da África, à beira do mar Mediterrâneo, entre o Egito, a leste, e a Tunísia e a Argélia, a oeste. Seu clima só é mediterrâneo ao longo da faixa costeira: o restante do território sofre os rigores do clima desértico, pontilhado aqui e ali por alguns oásis. Por essa razão, apenas cerca de 2% do território líbio é aproveitável, do ponto de vista da agricultura, sendo outros 4% adequados para a criação de gado.

Depois de sua independência, após a Segunda Guerra Mundial, a base da economia líbia ficou dividida, por algum tempo, em partes mais ou menos iguais entre a agricultura e a criação de gado. A agricultura empregava cerca de 70% da mão de obra disponível e respondia por aproximadamente 30% do Produto Interno Bruto (PIB), embora esse percentual fosse variável, em função das condições climáticas. Depois da descoberta do petróleo, porém, a agricultura, que manteve níveis de produção mais ou menos estáveis, passou a ter um peso bem menor na produção de riquezas do país.

Os dados do COI sobre a produção e a comercialização do azeite líbio nas campanhas de 1990/1991 até 2004/2005 mostram que a média de consumo foi maior que a de produção, de modo que foi necessário recorrer a importações para suprir a demanda interna.

Dessa maneira, não parece provável que, em data futura previsível, a Líbia possa chegar à condição de país exportador de azeite de oliva, até porque os olivicultores líbios têm de enfrentar o problema das tempestades de areia e poeira causadas pelo siroco, um vento quente e seco que nasce no Saara e sopra do sul para o sudeste.

Croácia

De todos os países produtores de azeite da bacia Mediterrânea que não pertencem à União Europeia, a Croácia é o único que poderá chegar a essa condição, ou seja, a de produtor – o que, de fato, está pleiteando no momento –, por se localizar na própria Europa e não no Norte da África ou no Oriente Médio. Por estar situada à margem oriental do mar Adriático, em frente à costa leste italiana, desfruta de clima e solos muito favoráveis, portanto, para o cultivo da oliveira.

De fato, há mais de treze séculos, quando se instalaram nas proximidades da costa leste do Adriático, vindos do Sul da atual Polônia, os croatas – povo de origem eslava – já encontraram zambujeiros espalhados por toda a área das regiões hoje chamadas Ístria e Dalmácia, especialmente num lugar chamado Kastela, onde se encontra até hoje uma daquelas oliveiras-bravas com 5 mil anos de idade aproximadamente.

Portanto, não é sem razão que as oliveiras e o azeite sempre tiveram papel de destaque, tanto nos mitos e lendas como na vida cotidiana da Croácia.

É notável a amplitude da gama de variedades de azeitonas cultivadas no país, bem como de azeites com características distintas que delas resultam.

A olivicultura do país se concentra na Dalmácia e na península da Ístria, bem como nas inúmeras ilhas da região. Atualmente, a maioria dos olivais são cultivados, mas, nas ilhas Lun e Pág, os zambujeiros ainda são muito abundantes. Entre as variedades cultivadas que ocupam uma área total aproximada de 1,4 mil ha, as mais conhecidas são as autóctones drobnica e lastovka, da ilha de Korcula, que produzem um azeite poderoso e amargo, bem como a bjelica, a uljarica e a divljaka, além de cultivares de proveniência italiana, como buga e leccino, que produzem azeites de fina textura, com sabor frutado e perfume que lembra alcachofras, cacau ou feno.

Apesar de tudo isso e de serem de excelente qualidade – em 1916, um azeite croata ganhou o primeiro prêmio em uma exposição mundial realizada em Aix-en-Provence, na França –, os azeites croatas são muito pouco conhecidos no mercado internacional, talvez por causa de duas razões: em primeiro lugar, até 1992 a Croácia fazia parte da antiga República Socialista da Iugoslávia, de modo que seus produtos chegavam aos mercados externos como produtos iugoslavos, sem indicação de sua proveniência croata;[1] em segundo, dados do serviço nacional de estatísticas do país revelaram que, dos quase 2,5 milhões de oliveiras existentes atualmente na Croácia, 80% estão em pequenas propriedades de menos de 0,5 ha cada uma, as quais têm necessariamente uma produção limitada, do tipo "só para a família e os amigos". Os dados do COI indicam também que, de 1998 até 2004/2005, a média anual de produção de azeite da Croácia, de cerca de 6,6 mil t, foi praticamente idêntica à sua média anual de consumo, ou talvez mesmo um pouco inferior, pois as importações do período chegaram a uma média anual de 1,3 mil t.

---

[1] O *SMS Split*, por exemplo, é um dos poucos azeites croatas que chegam ao mercado externo. Era vendido como "produto da Iugoslávia" quando começou a ser distribuído em outros países.

Mas os produtores de azeite e o governo croata parecem dispostos a apostar na qualidade e na variedade da produção local para ganhar renome e competitividade no mercado internacional, pois acreditam que, com os vinhos, os azeites de alta qualidade poderão ser os bilhetes para a entrada do país no mundo dos produtos gastronômicos de elite.

Produtores de fora da bacia do Mediterrâneo

> Eu serei para Israel como o orvalho; ele florescerá como o lírio,
> e lançará as suas raízes como o cedro-do-líbano. Estender-se-ão as suas
> vergônteas, e a sua formosura será como a da oliveira,
> a sua fragrância como a do cedro-do-líbano.
>
> *Oseias, 14:5-6*

Argentina

Há vários séculos, os colonizadores europeus já plantavam na Argentina oliveiras de variedades espanholas e italianas. Ainda assim, até a década de 1930, a produção de azeite no país era uma atividade quase de lazer, para o consumo familiar. Em 1936, porém, eclodiu a guerra civil na Espanha, na época o maior fornecedor de azeite para o mercado argentino. O produto escasseou, e o governo decidiu incentivar a produção local, que, a partir daí, começou a ser encarada e organizada como uma indústria propriamente dita.

Com o estímulo governamental, a área cultivada chegou a 80 mil ha, e a Argentina conseguiu atingir a posição de maior produtor de azeite de oliva fora da bacia Mediterrânea, apesar das muitas falhas no planejamento e do emprego de tecnologias inadequadas.

A partir dos anos 1960, porém, sucessivas crises políticas e econômicas provocaram a decadência do setor olivícola do país. Sem o apoio do governo, os custos aumentaram e muitas plantações foram abandonadas: a produção diminuiu, o produto encareceu e somente as classes ricas puderam continuar a usá-lo. Com isso, o consumo se reduziu e o desinteresse dos produtores se acentuou ainda mais.

Esse setor só começou a se recuperar durante a década de 1990, quando, para estimulá-lo, o governo baixou uma lei que permitia deduzir dos impostos, durante dezesseis anos, os valores investidos na olivicultura. Essas quantias serão posteriormente restituídas, sem juros, ao longo de um prazo de cinco anos, a partir do terceiro ano de produção do olival.[1] Com esse incentivo, em janeiro de 1999 a superfície coberta por olivais crescera de 27,8 mil ha para 42,3 mil ha, havendo ainda, segundo a Dirección Nacional de Alimentación, uma área de mais de 70 mil ha já destinada para esse uso.

As regiões produtoras mais importantes são Mendoza, Córdoba, San Juan, La Rioja e Catamarca, que utilizam predominantemente os cultivares arbequina, picual e frantoio. O azeite produzido é de boa qualidade, embora não se faça, oficialmente, uma classificação organoléptica.

O Brasil é o maior importador do azeite argentino, adquirindo mais de 80% do total exportado. Outros importadores, por ordem decrescente de volume importado, são os Estados Unidos, o Japão e a União Europeia.

Chile

A indústria azeiteira chilena tem uma produção relativamente pequena, que, entretanto, vem se destacando pela alta qualidade. Em 2004, três azeites chilenos foram galardoados com o Diploma di Gran Menzione, conferido pela Itália: o Petralia, da empresa Terramater; o Azeite Orgânico Colheita 2004, da Olave, e a variedade Blend 2004, da Kardamili. E não foi essa a primeira vez que os azeites chilenos foram premiados em exposições internacionais: a indústria azeiteira chilena vem investindo no aperfeiçoamento da qualidade de seu produto, que hoje já é considerado de primeira linha.

---

[1] Lei nº 22.021 da República Argentina.

Segundo a Oficina de Estudios y Políticas Agrarias (Odepa) do Ministério da Agricultura chileno, existem hoje no país pouco menos de 7 mil ha cobertos de olivais, o dobro da área existente em 1990. Há cerca de quarenta variedades, mas as predominantes são aceitero, empeltre e liguria. Ainda segundo informações da Odepa, do total da produção de azeitonas, cerca de 58% são consumidas como azeitonas de mesa, e o restante é usado para a produção de azeite.

Até o ano de 2005, a balança comercial do setor olivícola chileno tem sido sempre negativa, ou seja, há sempre mais importações do que exportações. Além disso, a exportação de azeitonas de mesa tem sido sempre bem maior do que a de azeite. O mesmo órgão informa que a produção chilena de azeite de oliva atinge hoje cerca de 1,5 mil t/ano e se destina principalmente ao mercado interno.

No Chile existem, ao todo, cerca de vinte lagares distribuídos pelas diversas regiões do país, com uma produção que inclui tanto azeites extravirgens mono e plurivarietais como refinados ou misturas com 30% de óleo de bagaço.

De 1997 a 2003, o consumo de azeite de oliva cresceu, em média, 14,4% ao ano, ou seja, aumentou mais do que o dobro só nesse período, e espera-se que continue crescendo no mesmo ritmo. Por outro lado, a produção também cresceu em ritmo ainda mais acelerado: em 1997, representava apenas 18% da disponibilidade total (produção mais importação); em 2003 chegou a 48% desse total.

A exportação continua sendo muito pequena, da ordem de apenas 3 t/ano, em média. Os principais países de destino do azeite chileno foram o Brasil (28%), a Argentina (22%), os Estados Unidos (19%) e o México (12%).

Os representantes do setor olivícola chileno estão otimistas em relação ao futuro de sua atividade. Esperam que a área ocupada por cultivares de azeite chegue a 10 mil ha até 2010, o que permitiria aumentar a produção para atender completamente ao consumo interno e ainda exportar cerca de 17 mil t de azeite extravirgem.

Estados Unidos

O cultivo de azeitonas foi introduzido na Califórnia por missionários franciscanos de origem espanhola, liderados por frei Junípero Serra. As primeiras oliveiras foram plantadas na missão de San Diego, fundada em 1769, e até hoje é na Califórnia que se concentra a produção de mais de 99% das azeitonas americanas, em pouco mais de 14 mil ha, principalmente no Grand Central Valley, onde os verões muito secos tornam a irrigação uma necessidade. A maior parte da produção se destina a azeitonas de mesa, e muito pouco vai para a produção de azeite de oliva. Só recentemente o setor começou a se desenvolver em algumas áreas costeiras, que produzem exclusivamente azeite de oliva para gourmets.

Praticamente toda a colheita é feita à mão: as que se destinam à produção da "azeitona preta madura da Califórnia" são colhidas verdes e depois mergulhadas em uma solução de lixívia que retira delas o amargor e as transforma em azeitonas pretas. Os cultivares mais utilizados para o azeite de oliva são: *manzanillo*, o mais comum, *gordal* (originário da Espanha), *misión* e *rubra* (de origem francesa). Essas variedades, de modo geral, produzem azeites frutados.

A produção americana de azeite é muito pequena, e nem de longe suficiente para satisfazer o consumo interno do país, que cresceu muito nos últimos anos, principalmente em virtude da popularização da dieta mediterrânea. Na campanha de 1990/1991 foram importadas 90 mil t, e, em 2003/2004, 226 mil t, quase 2,5 vezes mais. Portanto, é principalmente como um grande importador que os Estados Unidos participam do mercado internacional de azeite de oliva: cerca de 80% de suas importações vêm do Mediterrâneo.

Austrália

A área meridional da Austrália tem um clima semelhante ao das regiões olivícolas europeias. A oliveira foi levada àquele continente no século XIX por imigrantes franceses e italianos, e hoje é cultivada em muitas áreas do país. Curiosamente, entretanto, mais do que uma fonte de riqueza, como ocorre na Europa, na Austrália a árvore vem sendo considerada um problema ambiental sério. Ocorre que as azeitonas de olivais, abandonados por problemas econômicos antes da década de 1990 foram espalhadas por pássaros (na região há pelo menos dezesseis espécies que se alimentam de azeitonas), raposas e outros animais que comem a fruta. Com isso, começaram a aparecer oliveiras em meio à vegetação nativa, ao longo das estradas, em pastagens degradadas onde, antes, tinham sido controladas por meio da destruição dos brotos pelo pastoreio. Esse fenômeno altera o meio ambiente natural da região, além de aumentar o risco de incêndios florestais por causa do crescimento de oliveiras em alta densidade. Por todas essas razões, já começaram a ser criadas instituições que têm por objetivo controlar essa "praga" no país.

Na verdade, a Austrália poderia aumentar muito sua produção olivícola, pois o país tem os recursos e a infraestrutura necessários para isso, além de clima e solo adequados. Mas embora o consumo de azeite de oliva no país tenha crescido 1,5% ao ano, em média, nos últimos 25 anos, e os mercados asiáticos, muito próximos, também estejam em franco crescimento, isso não tem trazido o estímulo que seria de se esperar para o setor azeiteiro australiano. É que, devido ao alto custo da mão de obra, a produção de azeite na Austrália acaba sendo muito dispendiosa, de modo que o produto nacional não tem como competir com os azeites importados, muito mais baratos.

Na campanha de 1990/1991, o país importou todo o azeite necessário para atender seu consumo interno: 13,5 mil t. Dez anos depois, na campanha de 2001/2002, o consumo praticamente dobrara, indo para 27,5 t, das quais 26,5 t foram importadas e mil t foram produzidas localmente. O crescimento da demanda tem sido consistente: segundo dados do COI, na campanha de 2004/2005 o nível das importações subiu para 28,5 mil t, o da produção de azeitonas (de mesa e para azeite de oliva) para 5 t e o do consumo para 32,5 mil t. Estão sendo plantados novos olivais para aumentar a produção, de modo a permitir a colheita mecânica, mais barata e mais eficiente.

Existem mais de cem cultivares de azeitonas na Austrália. Os mais comuns para a produção de azeite são: corregiola, frantoio, paragon, nevadillo blanco e picual, além de manzanillo e misión, estes usados tanto na produção de azeite como na de azeitonas de mesa.

Apesar de ter uma produção insignificante em relação a seu próprio consumo interno, a Austrália tem exportado sistematicamente seu azeite de oliva extravirgem para os Estados Unidos, onde impressiona o mercado por sua excelente qualidade.

Japão

As azeitonas começaram a ser cultivadas no Japão para uso medicinal, em meados do século XIX. O primeiro azeite de oliva japonês foi produzido na década de 1880, e daí até a década de 1960 a produção só cresceu. A partir de 1965, porém, começaram a aparecer no mercado japonês os azeites de oliva importados, de boa qualidade e mais baratos do que os produzidos localmente. Em consequência disso, a produção de azeite no país começou a declinar, e hoje ele é produzido em pequenas quantidades, que pouco suprem o consumo interno – que se tornou oito vezes maior de 1990 a 2005! –, integralmente atendido por importações.

Os principais fornecedores de azeite para o mercado japonês são a Itália, com mais de 65%, e a Espanha, com pouco mais de 31%.

África do Sul

Em 1903, um italiano observou os zambujeiros que cresciam nas encostas da montanha da Mesa, junto à Cidade do Cabo, e concluiu que ali havia uma indústria de azeite de oliva em potencial. Com o objetivo de desenvolvê-la, importou variedades italianas e começou a propagar as árvores. Mas, por uma série de razões, inclusive por causa dos hábitos de consumo da população local, que não incluía azeite em sua dieta, o crescimento inicial foi muito lento. Somente bem mais tarde, depois da

Segunda Guerra Mundial, é que o consumo de azeitonas e de azeite de oliva começou a crescer, em virtude do aumento da imigração de origem italiana e portuguesa, do crescimento da indústria turística, graças à grande divulgação do país na mídia internacional, e da conscientização da população em relação aos benefícios que o azeite de oliva traz para a saúde. Com isso, acelerou-se o crescimento da indústria olivícola sul--africana, principalmente depois da criação da Associação Sul-africana dos Olivicultores, em 1956.

A área cultivada – 2,2 mil ha –, responsável por aproximadamente 90% da produção, localiza-se próximo aos 33° de latitude, e na mesma área ficam os lagares que processam a fruta, em fábricas modernas, providas de maquinário avançado. Os olivicultores sul-africanos enfrentam muito poucas pragas e doenças nas plantações: muitas delas, que constituem problemas muito sérios na Europa, encontram inimigos naturais nos zambujeiros autóctones do país.

Na África do Sul prevalece a variedade frantoio, mas também são usadas misión, manzanilla e, em menor escala, kalamata, barouni, sevillano e ascolano tenera. As azeitonas de mesa representam 70% da produção; já a de azeite de oliva está voltada para o consumo local, estimado em torno de 800 t/ano, das quais entre 220 t e 250 t são produzidas localmente.

Atualmente, o turismo olivícola se tornou o passatempo da moda. Os festivais dos olivicultores atraem muitos visitantes. O entusiasmo se explica: os especialistas consideram que, embora a produção seja muito pequena, os azeites de oliva extravirgem sul-africanos estão entre os melhores do mundo.

Irã

Embora não esteja rigorosamente na bacia mediterrânea, a localização geográfica e a herança histórica e cultural do Irã levariam a supor que houvesse no país uma longa tradição de produção azeiteira. Mas a indústria do azeite no país só se desenvolveu em larga escala a partir de 1993, quando o governo cedeu aos olivicultores 35 mil ha de terras e fez financiamentos no setor.

Os olivais do Irã ocupam uma área de 120 mil ha, e sua média de produção anual de azeite de oliva, no primeiro quinquênio dos anos 2000, foi de 2,4 t. Essa produção é praticamente toda consumida pelo mercado interno.

O azeite no Brasil

Nascimento

O AZEITE DE OLIVA é produzido na Europa, África, Ásia, Austrália, Nova Zelândia, nas Américas e, agora, no Brasil, embora a árvore tenha chegado ao país há muito tempo, com os imigrantes europeus. Há quem diga que, na época do Brasil colônia, havia muitas oliveiras nas proximidades de igrejas e capelas. Entretanto, quando o país iniciou uma pequena produção, a metrópole teria ordenado o corte das árvores para que o produto português não encontrasse competição no mercado. Outros defendem que a oliveira chegou ao Brasil há cerca de dois séculos, embora seu cultivo tenha se dado só no início da década de 1950, no sul de Minas Gerais.

Foi em 1936 que Antônio de Oliveira Pires, português de Leiria, chegou a Campos do Jordão, em São Paulo, para tratar da saúde. Naquele mesmo ano criou a Viação Campos do Jordão, a primeira linha de transporte urbano da região, que ligava as vilas de Capivari, Abernéssia e Jaguaribe. No ano seguinte, fundou a Viação São Paulo-Campos do Jordão, que ligava a cidade à capital do estado. As estradas da época eram precárias, e o trajeto podia demorar sete horas. Sofrendo prejuízos constantes, em 1951, Pires decidiu vender a empresa e dedicar-se ao cultivo de azeitonas.

Ele plantou então as primeiras mudas, mas não teve sucesso. Não havia especialistas disponíveis que pudesse consultar. Foi quando um espanhol chamado Galvez lhe informou que as oliveiras só nasciam encavaladas, e era preciso enxertá-las em um pedaço de madeira brasileira. Bastava um corte com um canivete e amarrar ali um ramo de oliveira. Pires fez como lhe foi dito e as oliveiras cresceram frondosas. Na época, eram apenas quinhentos pés.

Em abril de 1959, foi inaugurado o lagar em Pousada da Serra, com a presença de autoridades municipais, nos mesmos moldes do lagar que ele tivera em Portugal. Seis anos depois, já havia no sítio 10 mil oliveiras, 50% delas em franca produção: geravam 1.500 kg de azeite por ano, o suficiente para seu próprio consumo, o de seus amigos e para vender às indústrias interessadas. O clima da Mantiqueira era igual ao da Europa e propiciava o cultivo de oliveiras.

Pires faleceu em 1966, a fábrica foi fechada e ninguém mais cuidou das oliveiras. Restaram apenas alguns poucos pés.

A Empresa de Pesquisa Agropecuária de Minas Gerais (Epamig) aproveitou as variedades sobreviventes e iniciou um trabalho de pesquisas de campo e de cultivo de propagação de oliveiras na Serra da Mantiqueira, na fazenda experimental de Maria da Fé.

Nos dias de hoje

Ao longo do tempo o Brasil foi se descobrindo um possível produtor de óleo de oliva, mesmo com as características climáticas predominantemente tropicais e subtropicais, e os estigmas de que o país não seria um local que teria sucesso nesse tipo de produção. Em 2008, a Epamig começava seus estudos e o planejamento para a extração da primeira safra extravirgem. Em 2017, foram produzidos cerca de 100 mil litros de azeite. Os últimos números mostram que a produção vem crescendo em média 15% ao ano.

As principais regiões produtoras são o Sul e o Sudeste, com destaque para o estado do Rio Grande do Sul e para a Serra da Mantiqueira, em Minas Gerais. O Rio Grande do Sul é o estado com maior propensão à expansão da olivicultura. Nos últimos onze anos, de 100 hectares foram para 2,1 mil destinados apenas à produção de oliva. A região é uma das mais procuradas, principalmente por seu clima frio, essencial para o cultivo. Em 2017, estima-se que sairão dali 70 mil litros de óleo ao longo do ano; são mais de 160 olivicultores espalhados pela região.

O estado de Minas Gerais entrou na rota de produção do azeite por volta de 2008, quando foi realizada a primeira extração pela Epamig na Fazenda Experimental de Maria da Fé, localizada na Serra da Mantiqueira, centro de produção de azeite. A Mantiqueira é o ambiente ideal para o desenvolvimento dos olivais, pois está a 1,3 mil metros de altitude, o que proporciona o clima frio. Os resultados não mentem: em 2017, foram recolhidos 44 mil litros da região, com mais de 180 produtores investindo na extração do azeite de oliva.

A maior parte da produção nacional hoje é comercializada apenas em casas especializadas. Para alcançar uma produção de larga escala, ainda são necessários estudos e o desenvolvimento de técnicas para barateá-la. Por exemplo, se o maquinário de extração for de fabricação nacional, a redução do preço do equipamento pode chegar a 30%. A primeira máquina fabricada no país foi apresentada na 12ª edição do evento Dia de Campo da Epamig. Outro fator para o aumento do cultivo é que são necessários, no mínimo, quatro anos para que as oliveiras comecem a produzir e, ainda assim, não produzirão o máximo de sua capacidade no início. Como as oliveiras nacionais são, em sua maioria, novas, é importante que os olivicultores mantenham a paciência e a perseverança.

Um ponto de vantagem dos brasileiros é que, diferentemente dos azeites importados, que demoram cerca de um ano para chegar aqui, podem estar disponíveis para o consumidor em apenas 20 dias após a colheita. Além disso, o clima tropical acelera o processo de desenvolvimento das mudas.

Produtores do sul

Prosperato

A Tecnoplanta, conceituada empresa do ramo florestal, buscando diversificar suas atividades, desenvolveu um projeto voltado à olivicultura e criou a Tecnolivas, empresa que, além de ter sua própria produção, oferece ao mercado todas as orientações e suporte para aqueles que desejam ingressar na produção de olivas. Das mudas à extração do azeite de oliva extravirgem.

A Tecnolivas tem olivais em duas regiões do Rio Grande do Sul: na Campanha Gaúcha, municípios de Caçapava do Sul e São Sepé; e na Costa Doce, municípios Barra do Ribeiro, onde estão localizados seus viveiros, e Sentinela do Sul, onde planeja instalar o segundo lagar da extração para a safra 2018.

Além disso, a empresa estabeleceu parcerias com instituições de pesquisa, buscando inovações em manejo e desenvolvimento de novos produtos derivados das oliveiras. Atualmente, possui mais de trinta variedades de oliveiras, segundo Rafael Marchetti, sócio da Tecnolivas, em uma entrevista para a revista *Vinho Magazine*, as espanholas Arbequina e Arbosana, e a grega Koroneiki foram destaque em uma primeira fase. No entanto, eles já começaram a observar resultados interessantes com as variedades Picual, Frantoio, Galega, Coratina e Manzanilla

Em 2017, a Tecnolivas produziu dois tipos de azeite: o Prosperato Premium, *blend* das variedades arbequina e arbosana, que ganhou medalha de ouro na New York International Olive Oil Competition 2017; e o Prosperato Exclusivo, monovarietal koroneiki, que ficou em segundo lugar na Domina International Olive Oil Contest 2016.

Segundo Arnaldo Comin, proprietário do empório Rua do Alecrim, em entrevista concedida ao autor: "O azeite Prosperato é de alta qualidade, o campo de cultivo é bem estruturado e eles são craques na extração. Além disso, o azeite apresenta muita estabilidade."

Olivas do sul

Foi em 2006, na cidade de Cachoeira do Sul, no Rio Grande do Sul, após dois anos de muitas pesquisas e parcerias com universidades, que se iniciou a implementação do primeiro pomar de 12 hectares da Olivas do Sul, com mudas importadas da Espanha.

Geralmente, são cinco a sete anos para um lagar começar a produzir em escala comercial, mas, por causa dos altos investimentos em pesquisas e tecnologias feitos pela empresa, seus olivais já começaram a produzir em grande escala a partir do terceiro ano. Os esforços para o cultivo das oliveiras influenciaram para que se atingisse uma grande escala de produção em pouco tempo, e também para que seus frutos tivessem ótima sanidade.

A Olivas do Sul produz três tipos de azeite monovarietal: Olivas do Sul Arbequina, Olivas do Sul Arbosana e Olivas do Sul Koroneiki. Também são cultivadas em seu lagar as espécies picual e coratina.

Batalha

O empresário paulistano Luis Eduardo Batalha atua em diversas frentes. Em 2004, trouxe para o Brasil a rede Burger King, e hoje dedica a maior parte de seu tempo ao cultivo de oliveiras.

Foi no município de Pinheiro Machado que a família Batalha encontrou o terroir perfeito para o cultivo das oliveiras. Como já tinham experiência no ramo da agropecuária, plantaram um olival de mais ou menos 90 mil pés e construíram um lagar de extração nas mesmas proporções. Desenvolveram ali um plantio de alta tecnologia, que incluía, por exemplo, fertirrigação, que garante o perfeito equilíbrio nutricional das plantas e assegura a qualidade superior dos produtos. Além disso, contam também com suporte técnico de especialistas em diversas etapas.

Podemos dizer que o Batalha vai elevar o azeite brasileiro a outro patamar. Ele já pode ser encontrado em supermercados, com um preço competitivo, mas o ponto forte é que, mesmo com a produção em escala, eles conseguiram manter a qualidade. Hoje, o Batalha está entre os quinhentos melhores azeites do mundo, segundo o guia internacional de azeites *Flos Olei*, da Itália. Encontramos dois tipos em sua produção: o azeite extravirgem Batalha Frutado, elaborado com azeitonas arbequinas, recebe uma pequena adição de outras variedades, como arbosana, picual e frantoio, as quais propiciam maiores estabilidade e pungência; o azeite extravirgem Batalha Intenso, é elaborado com um *blend* de azeitonas com características intensas, como as azeitonas picual, frantoio, arbosana e coratina.

Ouro de sant'ana

Em 2008, a empresa familiar OlivoPampa começou sua história no ramo do azeite na divisa com o Uruguai, em Sant'ana do Livramento. A família escolheu essa terra após fazer diversos estudos para definir o que seria o melhor terroir para o cultivo. Eles atuam em várias etapas da olivicultura: propagação de mudas, produção e comercialização de azeites, consultoria agronômica e implantação de olivais.

Ao longo do tempo, depararam-se com alguns obstáculos, como o consumidor muitas vezes desconhecer o que é um azeite extravirgem. Desse modo, além do objetivo de produzir um azeite de alta qualidade, a Olivo-Pampa iniciou um processo de difusão de conhecimento sobre o azeite.

A safra de 2017 resultou em dois azeites monovarietais – arbequina e arbosana – e três tipos de *blends*.

Produtores da Serra da Mantiqueira

Epamig

Há pouco mais de 30 anos, com a fundação da Empresa de Pesquisa Agropecuária de Minas Gerais (Epamig), iniciou-se um trabalho de cultivo de propagação de oliveiras, desenvolvido na Fazenda Experimental de Maria da Fé.

Estão presentes na fazenda cerca de cinquenta variedades de oliveiras, com destaque para as italianas grappolo – apropriada para a produção de azeite – e ascolana – mais adequada para azeitonas de mesa. Diversos pequenos agricultores locais já se interessaram por investir na olivicultura. A Epamig vende as mudas localmente e para os estados do Rio de Janeiro e do Sul do país, além de oferecer cursos de capacitação aos produtores rurais. Em virtude desse intenso trabalho, fez surgir mais de cinquenta produtores de azeite nas divisas de Minas e São Paulo.

Fazenda Maria da Fé

Em busca de diversificar os negócios, Marcelo Bonifácio, especialista na área de reflorestamento, deparou-se com a fazenda Maria da Fé, que já contava com algumas oliveiras. Como ele e sua família já estavam fazendo pesquisas na área com a intenção de investir no ramo do azeite, decidiram instalar-se na fazenda e deram início a um trabalho de readequação de todos os processos no local.

Em 2015, garantiram sua primeira produção em escala comercial de azeite extravirgem de excelente qualidade. A extração foi feita em parceria com a Epamig, que não só viabilizou a primeira extração como os orientou sobre o manejo das oliveiras.

A fazenda produz azeites monovarietais extravirgem *premium*. Seus olivais, que, ao todo, ocupam uma área de 45 hectares, dispõem de uma variedade de espécies: as italianas grappolo e coratina, a grega koroneiki e a espanhola arbequina.

OLIQ

A OLIQ começou com uma sociedade entre três produtores rurais, que partilhavam um objetivo comum: produzir um azeite de qualidade na Serra da Mantiqueira por meio do desenvolvimento sustentável.

Os olivais estão localizados nas fazendas Santo Antonio do Burge, que tem 9 mil oliveiras, e São José do Coimbra, com 10 mil oliveiras, ambas no município de São Bento do Sapucaí, em São Paulo. Os cultivares presentes nos pomares da OLIQ são: aberquina, arbosana, grappolo, maria da fé, koroneiki e uma variedade desconhecida apelidada "bicudinha".

Até hoje ninguém soube identificar qual é a variedade dessa oliva, mas ela produz um azeite delicioso, pungente e complexo. Seu apelido surgiu do formato parecido com o da koroneiki, mas seu fruto é bem maior.

Em entrevista para a *Vinho Magazine*, os sócios relatam que cultivar oliveiras no Brasil não é como cultivá-las em sua região de origem, o Mediterrâneo. É preciso vencer alguns obstáculos, como o clima predominantemente quente, a falta de informação, a época da colheita, que geralmente coincide com as chuvas de verão, e também o processo de colheita, que não pode utilizar meio mecânicos, pois os olivais estão localizados em áreas montanhosas. No entanto, todas essas dificuldades não impediram esses sócios de realizar um excelente trabalho. Em 2016, foram recolhidos mil litros de azeite e a previsão para 2017 é de que seja o dobro dessa quantidade.

O azeite de oliva na América do Sul

Nos últimos anos, foi registrada uma ampla difusão da cultura da oliveira também na América centro-meridional e na Austrália onde são utilizadas as mais modernas e inovadoras técnicas produtivas e de extração, ao passo que a Argentina aparece como um país emergente. Embora o esforço desses produtores seja grande, a modestíssima quantidade produzida resulta absolutamente marginal.

No continente sul-americano, o Chile surge como a nova estrela na produção de azeite de oliva, após um período de improdutividade de quase 20 anos, em razão das informações negativas sobre as propriedades médicas do azeite de oliva. No Chile, em fazendas de clima temperado onde fruta e vinho já alcançaram qualidade de exportação, começa a amadurecer um sofisticado azeite de oliva. O azeite olave recebeu o prêmio Leone D'Oro, na Itália, medalha de ouro, à frente da Espanha e da Itália, gigantes da produção mundial em quantidade e qualidade.

Na década de 1990, o Chile surgiu no mercado internacional pela qualidade dos vinhos, e agora espera o mesmo com o azeite, embora a produção ainda seja bem modesta. Os 3 mil ha de olivais plantados, em 5 anos deverão chegar a 10 mil, mas não serão evidentemente para fazer concorrência com a Espanha e a Itália, porque os mercados visados são o norte-americano, o japonês e o europeu, pois são mercados gourmets de consumo caros e sofisticados.

Segundo a opinião do especialista Paolo Monari, o Chile congrega três fatores importantíssimos que fazem dele o ideal para ter um produto único entre os melhores azeites de oliva do mundo: primeiro o ambiental, segundo o produtivo e terceiro o humano. O solo e o clima chilenos são semelhantes ao do Mediterrâneo, com tecnologia de última geração, boas cepas e agricultores espertos. Com ajuda de especialistas como Monari, os chilenos trouxeram da Europa variedades de azeitonas como frantoio, biancolilla e leccino, todas da Itália, e arbequina e coratina, da Espanha. Todas elas encontraram nos olivais chilenos o hábitat ideal para suas características.

Atualmente o problema do azeite chileno é interno, pois não existe uma legislação adequada para o controle da qualidade e a procedência do produto. Dessa forma, é fácil para qualquer estrangeiro (sem receio de ser descoberto) etiquetar os produtos e vendê-los pelo menor preço, como se fossem chilenos, danificando, assim, a indústria local.

Quanto ao Brasil (que hoje é basicamente um importador), se os resultados iniciais, embora quase experimentais, forem confirmados, o país passará sem dúvida alguma a fazer parte dos grandes produtores e poderá chegar a ser referência no mundo. Porém, para alcançar esse patamar, será necessário pelo menos ultrapassar um período de 10 a 15 anos, ou talvez mais.

Produção, consumo e comércio mundiais

A produção mundial do azeite de oliva apresenta aumento constante, puxada pelos contínuos incentivos registrados na Espanha, líder mundial, com uma cota sobre o volume mundial de 32%, seguida pela Itália, com 28%, e pela Grécia, com 13%. A União Europeia pesa 76% sobre o total mundial. Os principais produtores extracomunitários são: a Síria (7%), a Turquia e a Tunísia (5%), cada uma, e o Marrocos (3%). Os produtores extracomunitários não mediterrâneos pesam apenas 1% sobre o total mundial. A Itália é o maior consumidor de azeite de oliva (40%), seguida pela Espanha (30%) e pelos Estados Unidos (8%) do consumo mundial. Os outros maiores consumidores são: a Grécia (14%), a Síria (6%), a

França (5%), e o Marrocos (3%). Os países europeus fora do Mediterrâneo, juntos, consomem 9% do consumo mundial.

A Espanha e a Itália são os maiores produtores de azeite de oliva, mas também os maiores exportadores com cotas de mais ou menos 42% e 35%. No primeiro quadriênio do século XXI, o valor das exportações mundiais aumentou 84%, embora a produção no mesmo período chegou a 43%. As exportações da Espanha e da Itália tiveram um aumento respectivamente de 99% a 167%, mas, entre os maiores produtores, as exportações diminuíram na Grécia (29%), na França (70%), ao contrário da Síria, da Turquia, de Portugal, da Jordânia e de Israel, que tiveram aumentos significativos.

O maior importador é a Itália com 40% do valor total mundial, seguida dos Estados Unidos (15%), da França e Espanha (6%), respectivamente, do Reino Unido, da Alemanha e de Portugal (4%), cada, do Japão (3%), e da Austrália (2%). A maior parte dos países age como exportador e importador, sendo essa prática de comércio claramente conveniente ao exportar o azeite importado depois de tê-lo manipulado (feito *blend* com outros azeites e depois engarrafado). Entre os principais exportadores, aqueles que ao mesmo tempo importam grandes quantidades de azeite, aparece a Itália e, em menor escala, Portugal. Na Itália, o valor das exportações se revelou (sempre no primeiro quadriênio do século XXI) superior em 83% das importações.

Bibliografia

ASSOCIAZIONE NAZIONALE CITTÀ DELL'OLIO. *Carta degli oli a denominazione di origine protetta*. Monteriggioni: Anco, 2003.

BIANCHINI, Francesco & CORBETTA, Francesco. *The Complete Book of Fruits and Vegetables*. Nova York: Crown Publishers, 1976.

BIDERMAN, Iara. "Troca de óleo". Em *Folha de S.Paulo*, São Paulo, 2006.

FACCIOLA, Stephen. *Cornucopia: a Source Book of Edible Plants*. Vista: Kampong, 1990.

FOUIN, Julien & SARFATI, Claude. *Le guide des huiles d´olive*. Rodez: Rouergue, 2002.

HOMERO. *Odisseia*. Trad. Antônio Pinto de Carvalho. Coleção Clássicos da Literatura. São Paulo: Nova Cultural, 2002.

KINDER, Herman & HILGEMANN, Werner. *ATLANTE STORICO GARZANTI. Cronologia della storia universale dalle culture preistoriche ai nostri giorni*. Limena: Garzanti, 1999.

MEUNIER, Mario. *A legenda dourada: nova mitologia clássica*. Trad. Alcântara Silveira. São Paulo: Ibrasa, 1961.

MONZO, Chiara *et al. Olio extravergine d'oliva: i valori della tradizione, la cultura della qualità*. Florença: Nardini, 2003.

MOREIRA, Maria Edicy. "Azeite no Brasil". Em *Vinho Magazine*, vol. 114, São Paulo, 2017.

RIGGS, Maribeth. *Guia feminino de saúde e beleza*. Trad. Renata Lucia Bottini. São Paulo: Angra, 1995.

SAVIO, Franco & PRONZATI, Virgilio. *L'Olio: dalle fasce alla bruschetta sostando al frantoio*. Gênova: Feguagiskia'Studios, 1997.

SOUZA BRANDÃO, Junito de. *Mitologia grega*. 3 vols. Petrópolis: Vozes, 2000.

STEBBINS, Robert & WALHEIM, Lance. *Western Fruit and Nuts*. Palo Alto: HP Books, 1981.

Conteúdo *on-line*

"ACEITE DE OLIVA made in Chile". Disponível em http://www.familia.cl/ContenedorTmp/Aceite/oliva.htm. Acesso em 11-7-2011.

AGÊNCIA SEBRAE DE NOTÍCIAS. "Produtores de azeitonas criam associação em Caçapava do Sul (RS)", 14-7-2005. Disponível em http://asn.interjornal.com.br/site/noticia.kmf?noticia=3361485&canal=199&total=348&indice=0. Acesso em 11-7-2011.

ALEXANDER, Constantine. "The flavors of the olive tree world". Disponível em http://www.eat-online.net/english/education/olive_oil/flavors_ olive_tree.htm#United%20States. Acesso em 11-7-2011.

"ALGERIA". Disponível em http://www.answers.com/topic/algeria?method=5. Acesso em 11-7-2011.

AZEITE BATALHA. "Nossa história". Disponível em http://www.azeitebatalha.com.br/nossa-historia. Acesso em 11-10-2017.

BOSTOCK, John M. D. *et al.* (orgs.). *Pliny the Elder: the Natural History*. Londres: Taylor and Francis, s/d. Disponível em http://www.perseus.tufts.edu/cgi-bin/ptext?lookup= Plin.+Nat.+toc. Acesso em 11-7-2011.

"CARACTERÍSTICAS Y APLICACIONES de las plantas". Disponível em http://www.zonaverde.net/oleaeuropaea.htm. Acesso em 11-7-2011.

"CHEMICAL AND NUTRITIONAL Properties of Olive Oil". Disponível em http://www.oliveoilsource.com/olivechemistry.htm. Acesso em 11-7-2011.

CODEVASF – Companhia de Desenvolvimento dos Vales do São Francisco e do Parnaíba. "Semiárido quer produzir oliveiras". Disponível em http://www.codevasf.gov.br/noticiasCODEVASF/20050303_02. Acesso em 11-7-2011.

COI – Conselho Oleícola Internacional (International Olive Council). "Country Profiles". Outubro de 2012. Disponível em http://www.internationaloliveoil.org/estaticos/view/136-country-profiles. Acesso em 8-3-2018.

_____. "World Olive Oil Figures". Novembro de 2017. Disponível em http://www.internationaloliveoil.org/estaticos/view/131-world-olive-oil-figures. Acesso em 28-2-2018.

COMIN, Arnaldo. Arnaldo Comin: depoimento. 9-6-2017. Entrevistadora: Francesca Cosenza. Gravação digital (54 min). Entrevista concedida para o arquivo pessoal do autor.

"CROP PROFILE for olives in California". Disponível em http://pestdata.ncsu.edu/cropprofiles/docs/Caolives.html. Acesso em 11-7-2011.

"CUALIDADES BÁSICAS del aceite de oliva". Disponível em http://www.aceitedeoliva.com/cualidades.htm. Acesso em 11-7-2011.

"DENOMINAZIONE D'ORIGINE protetta: Indicazione geografica protetta". Disponível em http://64.233.161.104/search? q=cache:_XIQdnzSHGUJ:www.politicheagricole.it/INFO/INIZIATIVE/cepiugusto/fruttade.pdf+olivicultura+italiana+ DOP&hl=pt-BR. Acesso em 11-7-2011.

"EMPRESARIOS ESPAÑOLES crean Chileoliva", 26-8-2002. Disponível em http://www.diariopyme.cl/newtenberg/1134/article-14727.html. Acesso em 11-7-2011.

ESSIG, Bruna. "Cultivo de oliveiras dispara no Rio Grande do Sul". Em *Canal Rural*, 3-12-2016. Disponível em http://www.canalrural.com.br/noticias/agricultura/cultivo-oliveiras-dispara-rio-grande-sul-64955. Acesso em 11-10-2017.

FAGUNDES, Vanessa. "Oliveiras". Disponível em http://revista.fapemig.br/materia.php?id=18. Acesso em 11-7-2011.

"FICHA DA OLIVEIRA". Disponível em http://www.naturlink.pt/canais/Artigo.asp?iArtigo=1651&iLingua=1. Acesso em 11-7-2011.

"FICHA DE LA plaga". Disponível em http://www.plagasbajocontrol. com/plaga.php?idplaga=21. Acesso em 11-7-2011.

"FRUIT and vegetables". Disponível em http://nefertiti.iwebland.com/timelines/topics/vegetables.htm. Acesso em 11-7-2011.

GRITLI, Fethi. "Horticulture in Tunisia: Exports, incentives, financing instruments, marketing and support structures". Disponível em http://r0.unctad.org/infocomm/diversification/nairobi/gritli.pdf. Acesso em 11-7-2011.

"HISTORIA DEL OLIVAR y el aceite de la zona protegida". Disponível em http://www.gata-hurdes.com/quienesSomos.htm. Acesso em 11-7-2011.

"IL MERCATO dell'olio". Disponível em http://www.mpsbancaimpresa.it/News/DettaglioNews.htm?IDCategoria=15&NewsId=480. Acesso em 11-7-2011.

"INFORMATIONS ET AUTRES ressources". Disponível em http://perso.wanadoo.fr/ceao-languedoc-roussillon/oleireseau/information/informationfrm.html. Acesso em 11-7-2011

"INFORMES de mercado". Disponível em http://aao.mapa.es/. Acesso em 11-7-2011.

"ISRAEL: a Land of Oil". Disponível em http://www.israelwines.co.il/ArticlesEng/Article.asp?ArticleID=883&CategoryID=92. Acesso em 11-7-2011.

ISRAEL INTERNATIONAL NEWS. "After 500 Years: Kosher Portuguese Olive Oil". 26-4-2005. Disponível em https://www.israelnationalnews.com/News/News.aspx/80847. Acesso em 28-2-2018.

KEYS, A. *Seven Countries: a Multivariate Analysis of Death and Coronary Heart Disease*. Londres: Harvard University Press, 1980. Citado em http://www.mediterrasian.com/scientific_research.htm. Acesso em 11-7-2011.

KLINE, A. S. (org.). *Virgil, The Georgics Book I Agriculture and Weather*, 2002. Disponível em http://www.tkline.freeserve.co.uk/VirgilGeorgicsI.htm. Acesso em 11-7-2011.

KOTKIN, Carole. "Olives, an immortal fruit". Disponível em http://www.thewine-news.com/octnov01/cuisine.html. Acesso em 11-7-2011.

"L'HUILE D'OLIVE en France". Disponível em http://www.info-huiledolive.net/toutsavoir6_3_a.asp. Acesso em 11-7-2011.

"L'OLEICULTURE". Disponível em http://www.oleiculteursduvar.com/page00010043.html. Acesso em 11-7-2011.

"LA HISTORIA del aceite de oliva". Disponível em http://www.casanovadipescille.com/olioes.htm. Acesso em 11-7-2011.

"LEPTIS MAGNA". Disponível em http://www.galenfrysinger.com/leptis_magna_libya.htm. Acesso em 11-7-2011.

MARTINS COSTA, Dulce Helena *et al.* "Produção de mudas". Disponível em http://www.basa.com.br/download/SerieRural1_ ProducaodeMudas.pdf. Acesso em 11-7-2011.

MERCOLA, Joseph & DROEGE, Rachel. "Food as Medicine: Does it Really Work?" Disponível em http://www.mercola.com/2004/jan/28/food_medicine.htm. Acesso em 11-7-2011.

"MINAS GERAIS TEM SAFRA recorde de azeitona com apoio técnico do Estado". Em *Agricultura.mg.com.br*, 11-5-2017. Disponível em http://www.agricultura.mg.gov.br/component/gmg/story/2954-minas-gerais-tem-safra-recorde-de-azeitona-com-apoio-tecnico-do-estado. Acesso em 11-10-2017.

MINISTÉRIO DA AGRICULTURA, Pecuária e Abastecimento/Embrapa Clima Temperado. "Embrapa apoia interesse da Europa por oliveiras". Em *Linha Aberta*, 11 (477), 13-7 a 18-7-2005. Disponível em http://www.cpact.embrapa.br/linha/antigo/linha477.pdf. Acesso em 11-7-2011.

MINISTÉRIO DA CIÊNCIA E TECNOLOGIA/Senai. Sistema Brasileiro de Respostas Técnicas. "Resposta Técnica". Disponível em http://sbrt.ibict.br/upload/sbrt674.pdf. Acesso em 11-7-2011.

MINISTERIO DE LA Agricultura, Pesca y Alimentación (Mapa). "Aceite de La Rioja". Disponível em http://www.mapya.es/es/alimentacion/pags/Denominacion/HTM/Aceite_Rioja.htm. Acesso em 11-7-2011.

"MOROCCO". Disponível em http://www.answers.com/main/ntquery;jsessionid=2upgnilon651u?method=4&dsid=2222&dekey= Morocco&gwp=8&curtab=2222_1&sbid=lc01b. Acesso em 11-7-2011.

MOURA, Paula. "Azeite 100% brasileiro: extravirgem e extrafresco". Em *Estadão*, 20-5-2015. Disponível em http://paladar.estadao.com.br/noticias/comida,azeite-100-brasileiro-extravirgem-e-extrafresco,10000007874. Acesso em 11-10-2017.

OFICINA DE ESTUDIOS Y POLÍTICAS AGRARIAS (Odepa). "Estadísticas de la Agricultura Chilena". Disponível em http://www.odepa.gob.cl/. Acesso em 11-7-2011.

OLIQ. Disponível em http://oliq.com.br/. Acesso em 11-10-2017.

OLIVA BRASIL. Disponível em http://www.olivabrasil.com.br. Acesso em 11-7-2011.

OLIVA. Disponível em http://www.oliva.org.br/new.asp. Acesso em 11-7-2011.

OLIVAS DO SUL. "Azeite de oliva". Disponível em http://www.olivasdosul.com.br/azeite-de-oliva. Acesso em 11-10-2017.

"OLIVE GROWING IN SOUTH AFRICA: Current Situation and Trends". Disponível em http://www.drakensteinolives.co.za/html/olives.htm. Acesso em 11-7-2011.

"OLIVE OIL in the Greek Kitchen". Disponível em http://www.thatsgreece.com/online/article.asp?returnPage=SECTION &group=2&section=46&articleid=316. Acesso em 11-7-2011.

"OLIVE OIL PRODUCTION in Turkey". Em *California Olive Oil News*, 5 (6), 2002. Disponível em http://www.oliveoilsource.com/newsletter/olivenews5-6. htm#Turkey. Acesso em 11-7-2011.

"OLIVE OIL, COSMETICS and soaps". Disponível em http://www.oliveoilsource. com/cosmetics.htm. Acesso em 11-7-2011.

"OLIVE OIL: Olive Husk Oil". Disponível em http://greekproducts.com/b2b/oliveoil. html. Acesso em 11-7-2011.

"OLIVE TREES in Palestine". Disponível em http://www.afsc.org/israel-palestine/documents/ZZfactsheet.pdf. Acesso em 11-7-2011.

"OLIVOTECA: a explosão da produção de azeite no Brasil só está começando". Em Blog do Curioso, 22-2-2017. Disponível em http://guiadoscuriosos.uol.com. br/blog/2017/02/22/olivoteca-a-explosao-da-producao-de-azeite-no-brasil--so-esta-comecando. Acesso em 11-10-2017.

"PRODUÇÃO DE AZEITE deve registrar safra recorde para 2017 no Sul de MG". Em *G1*, 24-3-2017. Disponível em http://g1.globo.com/mg/sul-de-minas/noticia/2017/03/producao-de-azeite-deve-registrar-safra-recorde-para--2017-na-regiao.html. Acesso em 11-10-2017.

PROSPERATO. "Azeites". Disponível em http://www.prosperato.com.br/azeites. Acesso em 11-10-2017.

"RECLAMAN MANTENER altas exigencias para denominaciones de origen", 22-2-2006. Disponível em http://www.agroeconomico.cl/. Acesso em 11-7-2011.

REGITANO-D'ARCE, Marisa. "Grãos e óleos vegetais: matérias-primas". Disponível em http://www.esalq.usp.br/departamentos/lan/pdf/2444materiasprimas. pdf. Acesso em 11-7-2011.

RODRÍGUEZ, Pedro. "Aceite de oliva, un mercado en expansión: demanda y tendencias a futuro". Em *The World of Food Science*. Disponível em http://www. worldfoodscience.org/cms/?pid=1001123. Acesso em 11-7-2011.

SANSAL, Burak. "Turkish Oil Wrestling". Disponível em http://www.allaboutturkey. com/yagligures.htm. Acesso em 11-7-2011.

SHOKIR, Farzaneh. "Olive Scheme Will Get EU Funds", 1-6-2005. Disponível em http://www.iran-daily.com/1384/2289/html/economy.htm. Acesso em 11-7-2011.

"SOBRE EL ACEITE". Em *Aceite de Oliva de España*. Disponível em http://www.asoliva.es/menu/frame_acei_s.htm. Acesso em 11-7-2011.

SOUTO, Isabella. "Minas entra na rota da produção de azeite". Em *Em.com.br*, 29-5-2017. Disponível em http://www.em.com.br/app/noticia/agropecuario/2017/05/29/interna_agropecuario,872461/azeitonas-de-minas-uai.shtml. Acesso em 11-10-2017.

SWEENEY, Susan & DAVIES, Gerry. "The Olive Industry". Disponível em http://www.rirdc.gov.au/pub/handbook/olive.html. Acesso em 11-7-2011.

"THE CROATIAN VITIS AND OLEA DATABASE". Disponível em http://www.crovitis.com/display.php?page=olives. Acesso em 11-7-2011.

"THE OLIVE AND Culture". Em *The Olive Tree World*. Disponível em http://www.olivetree.eat-online.net/frameculture.htm. Acesso em 11-7-2011.

THEVENIN, Catherine. "The olive oil". Disponível em http://www.stratsplace.com/articles/provence11.html. Acesso em 11-7-2011.

TRIPES. Disponível em http://www.sapecagro.pt/internet/webteca/artigo.asp?id=209&url_txt=&link=. Acesso em 11-7-2011.

UNITED NATIONS CONFERENCE on Trade and Development (Unctad). "Market Information in the Commodities Area". Disponível em http://r0.unctad.org/infocomm/anglais/olive/uses.htm. Acesso em 11-7-2011.

UNIVERSO DO AZEITE PREMIUM. "Azeite brasileiro Fazenda Maria da Fé". Disponível em http://www.universodoazeitepremium.com/azeite-brasileiro-fazenda-maria-da-f. Acesso em 11-10-2017.

VARIETIES". Em *Ingoldsby's Nursery*. Disponível em http://www.olive-trees.net/varieties.html. Acesso em 11-7-2011.

"WEED RISK MINIMISATION: European Olive in Tasmania". Em *Factsheet*, 2004. Disponível em http://www.weeds.crc.org.au/documents/fs17_european_olive_tas.pdf. Acesso em 11-7-2011.

"WHY GREEK OLIVE OIL". Em *Eliki Extra Virgin Oil from Greece*. Disponível em http://www.elikioliveoil.com/whygreekoloi.html. Acesso em 11-7-2011.

Índice de receitas

Abacaxi em emulsão de azeite, 128
Azeite à mostarda, 140
Azeite à noz-moscada, 141
Azeite à páprica, 142
Azeite ao alecrim e laranja, 143
Azeite ao estragão e laranja, 144
Azeite aos tomates secos, 145
Azeite às sementes de papoula e anis, 146
Beijinhos de laranja, 129
Bifes à pizzaiola, 117
Bresaola com rúcula e parmesão, 106
Carne de panela com cerveja, 118
Conserva de cebolinhas, 135
Conserva de cogumelos, 138
Conserva de favas, 136
Conserva de pimentão, 137
Conservas de cogumelos, 138
Cuscuz de carneiro, 119
Filé de peixe com alecrim e pinoli, 120
Gazpacho andaluz, 107
Mangas verdes em azeite de oliva, 122
Manteiga de azeite, 133
Massa alho e óleo, 115
Massa aromática com sálvia, 113
Massa com pinoli, 112
Massa com portobello, 116

Ovos recheados com tapenade, 109

Pão de azeitonas, 127

Papa de feijão-branco, 123

Pesto à moda de Gênova, 114

Polvo à moda napolitana, 121

Risoto de bacalhau, 111

Salada à moda de Capri, 125

Salada grega de berinjela, 126

Saladinha ao mare, 108

Sopa de feijão, 131

Strudel de bananas, 130

Tapenade, 134

Tartar de salmão e pinoli, 110

Torradas com tomate, 132

Verduras e legumes crus ao azeite, 124